Viaje hacia el Mundo Sobrenatural

Viaje hacia el Mundo Sobrenatural

Por

José Raimundo Graña

To order additional copies of this book, contact:
Xlibris Corporation
1-888-795-4274
www.Xlibris.com
Orders@Xlibris.com
38608

Contents

Prólogo 11

I—   Cojímar—Mirando al Sol de Frente ... 15
II—   La vieja Panchita—Una curandera
       en el Batey 24
III—   La Casa de Manuel Coello—
       Barriendo el piso 33
IV—   La Habana 1955—
       Coro de Ángeles 39
V—   Una Casa Encantada—
       La Casa de María García 47
       El Fantasma y Los Perros
       El Flautista
       El Violinista
       El Alma en Pena
VI—   La Sociedad Teosófica en Cuba 57
       Misteriosa Edición de Isis sin Velo
VII— Mi amigo Orlando Arias 65
       Experiencias Sobrenaturales
          Compartidas
       Transmisión del Pensamiento
       Corriendo la Cortina
       Un Viaje al Siglo XVIII
       Conversación con un Fantasma
       Transmisión Mental de Símbolos a
          Distancia. Telekinesis.
       Orlando Pide no Ver Más
       Encuentro con un Ser Misterioso

VIII— Experimento en un ómnibus urbano 77
         Controlando la Voluntad de la Gente
         en una "Guagua" Abarrotada
IX— La Iglesia Católica Liberal—
         Un Manantial de Gracia 82
X— Clarividencia Incipiente—
         Las Formas de Pensamiento 88
XI— En el Penthouse de Zanja e
         Infanta—Explosión de Cristales 93
XII— Viajes en Cuerpo Astral
         por la Casa 98
         Moviéndome al Revés y Porqué
XIII— Enfermo de Gravedad en el
         Hospital Calixto García................. 107
         Una Curación con Ayuda
         Sobrenatural
XIV—Viaje al Rincón—Santa Bárbara
         Toma Interés en Nuestro Caso 114
         Santa Bárbara y Shangó
         San Lázaro y Babalú Ayé
         La Virgen de la Caridad,
         Ochún y Atabex
XV— El Mosquito 132
XVI— Welcome to Miami—
         Santa Bárbara nos Acompaña 151
XVII— Captiva Island—
         Una Casa Llena de Fantasmas 157
XVIII—Madame Blavatsky me da
         Información en Sueños................. 163
XIX— Levitación—Desafiando la
         Ley de Gravedad.......................... 169
XX— Curación a Distancia—
         Un Mantra que Funciona............. 175
XXI— Contactos Astrales a Distancia
         con Amigos del Internet 182

Intermedio 195
XXII— La Ley de Karma 197
XXIII— Reencarnación y Transmigración 202
XXIV—Meditación—
　　　Por qué es Necesaria.................... 212
　　　　Postura
　　　　Relajación
　　　　Respiración
　　　　Escuchar los Sonidos del Ambiente
　　　　Contemplación
　　　　Detener el Pensamiento en
　　　　　Una Sola Cosa
　　　　Porque el Bañarse Ayuda
　　　　La Música, Las Velas, Los Olores, El
　　　　　Ambiente
　　　　Meditación Activa
　　　　Meditar Todo el Tiempo
XXV— Bodas de Canaán.
　　　Significado Oculto 223
XXVI—Significado Oculto del Caduceo 229
XXVII—El Calderón de las Brujas—
　　　Lo que Realmente Es 237
XXVIII—El Credo de los Ocultistas 246
　　　　Actitud y Filosofía
　　　　Dios
　　　　Sobre la Religión
　　　　Sobre la Iglesia
　　　　El Diablo
　　　　El Cielo y el Infierno
　　　　Sobre la Oración
　　　　Sobre lo que el Ocultista Sabe
　　　　La Ciencia
　　　　La Evolución
　　　　La Materia
　　　　La Civilización
　　　　Acerca del Servicio
　　　　Los Secretos

XXIX—Origen del Secretismo 258
        Porqué las Sociedades
        Ocultistas eran secretas
XXX— Fin de las Persecuciones..............265
        El comienzo de una nueva era
        La Revolución Francesa
        El ocaso de la religión judía
        en Occidente
        El Islam. Peligro inminente para
        nuestra civilización
XXXI—Sociedades y Organizaciones
        Esotéricas 282
        Facilitando el Estudio
        del Ocultismo
        Los Rosacruces
        La Sociedad Teosófica
        La Francmasonería
        La Orden Hermética del
        Amanecer Dorado

Apéndice—Lista Sugerida de Libros........291

. . . "La Verdad es una tierra sin caminos" . . .

Jeddu Krishnamurti.

Prólogo

Queridos lectores:

El libro que van a leer no es un libro de ficción.

Todos los hechos y episodios narrados en el mismo sucedieron realmente. A lo largo de todo este libro hemos puesto extremo cuidado en describir con toda exactitud las experiencias de carácter sobrenatural o paranormal en las que hemos participado a lo largo de nuestra vida.

Queremos dejar constancia de que el término "paranormal", aunque menos usado en el idioma español, nos parece mejor que el vocablo "sobrenatural", debido a que en realidad, nada sucede fuera de la naturaleza. Las vivencias que aquí narramos son paranormales o fuera de lo normal, porque la inmensa mayoría de los humanos aún no ha despertado sus facultades, todavía latentes, que le permitirán en un futuro ver y comprender mejor lo que sucede constantemente en nuestro derredor, en otros planos de conciencia mas elevados.

Para que los lectores puedan tener una mejor y más completa compresión de lo sucedido en cada caso, hemos detallado siempre las condiciones de tiempo, época y lugar en que cada narración tuvo lugar. Se trata siempre de personas y lugares reales, aclaramos otra vez que en ningún caso se ha utilizado la ficción o personajes ficticios para explicar o relatar lo sucedido. Para brindar aún mayor autenticidad, hemos utilizado en casi todas las instancias los nombres reales de los participantes. No tenemos nada que ocultar, porque describimos simplemente los sucesos tal y como quedaron grabados en nuestra memoria, Tampoco hemos exagerado ninguno de los incidentes con la finalidad de darle más impacto a las narraciones. Ese no es el objetivo de este libro.

Al final de cada capítulo y cada vez que corresponde hacerlo, hemos ofrecido nuestra opinión, una explicación razonable sobre lo sucedido así como la definición de algunos términos del lenguaje esotérico para informar al lector. En estas explicaciones influyen sin duda más de cuarenta años en los cuales hemos estudiado los fenómenos místicos o espirituales, así como nuestra atenta lectura de infinidad de obras publicadas sobre el tema, de las cuales ofrecemos una pequeña lista al final de este libro. Confiamos en que el lector sacará también sus propias conclusiones.

Hemos dedicado los últimos capítulos de este libro a la discusión y el análisis de algunos temas fundamentales del conocimiento esotérico, con la idea de ayudar en la ilustración de aquellos lectores que se interesan por primera vez en los mismos. El tratamiento de estos temas no es de ninguna manera exhaustivo y el contenido de estos capítulos no está dirigido a las personas ya versadas en los mismos. Sin embargo, nuestro enfoque es siempre original y personal y puede ser de interés para todos.

Esperamos que el compartir nuestras experiencias personales resulte en una lectura amena e interesante. Para las personas que por primera vez se interesan por el ocultismo y los fenómenos místicos, aspiramos a brindar una luz en su camino y abrirles una puerta tras de la cual se esconde un mundo maravilloso. En general, nuestro deseo es que este libro contribuya a mejorar la comprensión de los fenómenos sobrenaturales y ayude a algunas almas en su progreso espiritual.

José Raimundo Graña
Miami, Florida
Octubre del 2006.

—I—

COJÍMAR

"Mirando al sol de frente"

"Tú el más elevado, Tú el más brillante,
Tú que has sido coronado el Rey de todos
los Dioses . . ."
El Libro de los Muertos—Egipto—I, III

En 1944, yo era un pequeño diablito que se la pasaba jugando con sus amiguitos ya fuera por los afilados arrecifes de la solitaria costa, por las boscosas lomas o aun por las calles y solares yermos del amable pueblecito que en esos años era Cojímar.

En aquellos tiempos, los niños podían irse a jugar desde por la mañana y perderse por los campos y las lomas sin que nadie se preocupara por ellos. Si durante el día sentía hambre, sólo me bastaba con visitar una de las casas de los numerosos miembros de mi familia que habitaban el pueblo, mayormente tíos y abuelos, y sencillamente me quedaba a almorzar por allí para seguir explorando y jugando libremente por el resto del día, ya fuera sólo o con mis primos o amiguitos.

Situado en la costa norte de la isla de Cuba, y a unos kilómetros al Este de la ciudad de La Habana, Cojímar tenía una población estable de viejos naturales del pueblo, fruto de varias generaciones de cojimeros.

La casa de mis padres, donde yo vivía, estaba ubicada en la calle principal de la villa, la llamada Calle Real, a tan sólo una cuadra del famoso Restaurante de "La Terraza", donde el escritor norteamericano Ernest Hemingway solía ir a comer y tomar con sus amigos.

Muelle y Fuerte de Cojímar, en la costa norte de la Isla de Cuba.

Desde el malecón y muelle de nuestra casa, con vista a la bahía de Cojímar, podía ver todos los días anclado el yate de Ernest Hemingway, que él había denominado "Pilar" probablemente por la Virgen del Pilar, patrona de Zaragoza, pero también en recordación de uno de los personajes de su novela "Por quién doblan las campanas", personaje del cual se ha dicho que tenía quizás rasgos de la personalidad de Grace Hemingway, su señora madre.

El yate era de color negro en el casco, de 38 pies de largo, la superestructura y cabina de madera de caoba barnizada, y el techo protegido con lona verde. Hemingway era una visita frecuente del pueblo de Cojímar, casi diaria por temporadas. Era muy normal que al salir o entrar en mi casa, o estando sentado en el portal de la casa que daba a la calle, lo viera pasar con sus entrañables amigos, muy a menudo con Mario (Mayito) Menocal y claro, con el capitán y cocinero del barco, el pescador Gregorio (Goyo) Fuentes, un isleño de las Islas Canarias. Recuerdo muy bien el color negro cerrado de la barba de Hemingway, que era un hombre aún joven en 1944.

En aquellos tiempos corría la segunda guerra mundial y los submarinos alemanes eran una presencia que ponía en peligro, entre otras cosas, el suministro de azúcar y otros productos agrícolas e industriales de Cuba hacia Estados Unidos que resultaban importantes para el esfuerzo bélico. Se conocían casos en que los submarinos se habían acercado atrevidamente a la costa y las bahías naturales de la isla de Cuba, enviando tripulaciones a tierra para renovar el abastecimiento de agua y comida fresca.

A partir de 1944, empezamos a notar que el yate "Pilar" de Ernest Hemingway había sido armado con un pequeño cañón sobre la cubierta de proa y bombas de profundidad, con la romántica intención de ponerse a cazar submarinos. (1)

Ahora, cuando íbamos a jugar en los arrecifes de la costa y bañarnos en las pocetas naturales que la fuerza de las olas había cavado entre ellos, nos pasaban por encima todos los días, patrullando y volando muy bajo, los aviones bombarderos norteamericanos, bimotores pintados de camuflaje, los pilotos saludándonos por la ventanilla, en respuesta a nuestros alegres brincos.

La escuela pública de Cojímar se encontraba tan solo a dos casas de donde yo vivía. Quizás por eso mi madre terminó teniendo como su mejor amiga a Isolina, la maestra de los primeros grados de esa escuelita. Un día viene la maestra Isolina y sonriente pero en serio le cuenta a mi madre que la noche anterior ella y varias personas más vieron un extraño objeto volador, que parecía hacer señales con luces y que quien sabe si fuera tripulado por gentes de otro planeta. Yo estaba oyendo muy atentamente la conversación, y tanto mi madre como Isolina lo notaron y me advirtieron que de ninguna manera me pusiera a mirar el cielo buscando ese objeto volador de día, y que si por casualidad miraba directo al sol, me quedaría, sin ninguna duda, ciego.

No hay nada más importante para un niño que una prohibición de cualquier índole. Inmediatamente lo prohibido se torna altamente interesante. De manera que al día siguiente, mientras jugaba en el patio de la casa frente al mar, ocupado con mi cría de conejitos, me vino a la mente la misteriosa conversación del día anterior.

Inmediatamente decidí mirar al sol de frente. Estoy seguro de que sólo lo hice por unos segundos.

Pero lo que vi fue totalmente inesperado. El disco del sol era como una rutilante moneda de oro. En el centro del disco se encontraba un rey, con corona y ropas reales, azules, blancas y doradas. Bajo este disco de oro, se encontraban otros discos igualmente brillantes, cada uno de ellos con su monarca, no sé cuantos eran, quizás seis o siete, no recuerdo. Vi que estaban conectados entre ellos por una doble línea, (2) esto no lo comprendí pero me hizo suponer que había una conexión o rango entre ellos, como dando a entender que el monarca o rey que representaba al sol, estaba por encima de los demás, los cuales aun siendo reyes, le debían pleitesía.

Esta visión, que tan solo duró unos momentos, al parecer tanto como mis ojos pudieron aguantar la brillante luz, desapareció de inmediato, pero quedó grabada para siempre en mi memoria y en mi corazón.

(1) Ernest Hemingway siempre ha sido para mí el escritor norteamericano más representativo de su país, más "americano". Sus novelas, pero especialmente sus cuentos, siempre me han llegado fácilmente, y no porque hayamos compartido el mismo pueblecito durante algunos años. Pero Hemingway, cuando se daba unos tragos, inventaba unas historias probablemente

mentirosas, aunque no dejaban de ser muy interesantes.

A las gentes del pueblo les contaba que hallándose pescando y habiendo dejado el yate "al pairo", en el Atlántico, al norte de las costas de Cuba, un submarino alemán surgió a la superficie a unos cien o doscientos metros de ellos. Al poco rato los alemanes despacharon una pequeña lancha que abordó el yate "Pilar" y saqueó los suministros de comida y agua de que disponían, pero lo que molestó sobre manera a Big Papa, era que los alemanes le habían robado sus adoradas botellas de ron cubano y de whisky. Irritado, nuestro héroe juro venganza y no se cansó de tramitar con la embajada americana y las autoridades cubanas hasta que el yate fue provisto del armamento necesario para añadirlo al esfuerzo guerrero.

Hasta aquí, la narración se correspondía probablemente con la verdad, pero terminaba contando Hemingway que la oportunidad de tomar venganza no se hizo mucho de esperar. Un submarino alemán que había vuelto a la superficie para renovar su abastecimiento de aire se sumergió a poca distancia del yate "Pilar", momento que Papa aprovechó para desencadenar su ataque de bombas de profundidad que terminaron hundiendo al submarino, del cual solo quedaron unos despojos de aceite sobre la superficie del mar. Esta segunda parte de la historia a mi particularmente siempre se me antojó una fantasía del famoso escritor para entretener a los poblanos.

Aún más divertidas son sus historias sobre Bímini, la pequeña isla de las Bahamas donde habían instalado un precario ring de boxeo sobre el que Papa se subía para retar y ofrecer dinero a cualquier negro de Las Bahamas que pudiera durarle tres rounds.

El yate "Pilar" de Ernest Hemingway,
como se conserva en "La Vigía".

(2) Mucho tiempo después leyendo un libro de temas esotéricos me sorprendió ver en el diagrama que se utiliza en la cábala hebrea para representar "el árbol de la vida", los discos o círculos conectados por una doble línea, tal y como recuerdo haberlos visto mirando al sol cuando era niño. Es decir, todo parece indicar que de niño, al mirar al sol de frente, tuve una visión momentánea del "árbol de

la vida" con el que la cábala o religión esotérica de los hebreos representa a las diez potencias cósmicas o cefirotes que participan en la creación del universo.

ARBOL DE LA VIDA

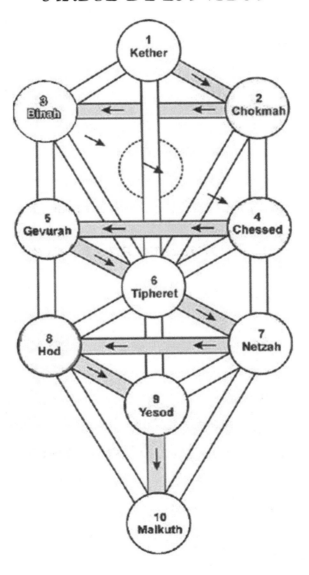

—II—

LA VIEJA PANCHITA

"Una curandera en el Batey"

Siendo el año 1952 mi tío Raúl Esparza, Ingeniero Agrónomo graduado en los Estados Unidos, había sido  nombrado Jefe de Fabricación del Central Azucarero de Santa Lucía, situado al este de Gibara, cerca de la costa norte de Cuba, en la Provincia de Oriente.

Alrededor de los centrales azucareros en Cuba siempre existe un pequeño pueblo donde habitan principalmente los trabajadores industriales del central y también algunos de los que trabajan la agricultura en los extensos campos de caña,

A este pequeño pueblecito que rodea el ingenio o central azucarero se le denomina en Cuba y en otras islas de las Antillas con la palabra "Batey". Batey es una palabra de origen Taíno, del idioma de los pobladores originales de la isla de Cuba. El Batey era el nombre del terreno de juego que usaban los Taínos para su juego de pelota, denominado "batú". Fabricaban la pelota con resinas y hierbas hasta lograr una consistencia flexible y conseguir que rebotara, lo que llenó de asombro a los españoles y los europeos que nunca habían visto algo semejante.

La historia cuenta que los Taínos fueron prácticamente exterminados por los colonizadores españoles en sólo 50 años, aunque algunos sobrevivieron en caseríos aislados y otros de alguna forma se integraron a la humilde vida de los colonos. Sin embargo, en ese pequeñísimo espacio de tiempo y antes de hacer mutis, los indios cubanos le dejaron al mundo legados que después de cuatro siglos aún se mantienen vigentes:

1) el vicio de fumar tabaco,
2) el entusiasmo por los deportes, en este caso el "batú" que tiene su versión moderna en el volleyball, y aún mas importante:
3) la costumbre de bañarse todos los días, que contrastaba dramáticamente con la

sabiduría popular de los españoles que sentenciaba: "más vale tierra en cuerpo, que cuerpo en tierra".

Mi familia decidió que mis hermanos y yo nos fuéramos a pasar algunos días de las vacaciones de verano visitando a nuestros primitos en la casa que tenían en el batey del central Santa Lucía.

Para nosotros aquello fue una fiesta, una oportunidad fabulosa de conocer como funcionaba un central azucarero, de que manera se producía el azúcar y a la vez recrearnos en el ambiente tranquilo del campo de la provincia de Oriente, explorar los ardedores, disfrutar de los paisajes montañosos y robarnos alguna caña de las plantaciones para pelarla, cortarla en tiritas y mascarla para extraerle el dulce guarapo. En el batey, como ya había comenzado la molienda, imperaba el fuerte olor de los melados que terminan convirtiéndose en azúcar.

En una de nuestras expediciones fuimos con toda la familia a repetir, en nuestra humilde manera y utilizando dos pequeños botes de remos, el viaje de Cristóbal Colón. Partiendo de la pequeña playa de Santa Lucía logramos llegar remando hasta la ensenada de Bariay, donde por primera vez Colón desembarcó en Cuba el 27 de Octubre de 1492, según muestra el estudio de las descripciones del lugar en su diario. Un muelle natural de lajas o piedras lisas es detallado en el mismo y la posición de la montaña denominada "La Silla de Gibara" termina de precisar el lugar con exactitud. En el lugar había un pequeño monumento.

Aún recuerdo como si fuera hoy que después de haber remado parte del camino de regreso y cuando ya se vislumbraban las playas de donde habíamos partido en nuestra expedición, yo me lancé del bote para nadar el resto del recorrido. Después de todo, mi infancia había transcurrido a la orilla del mar y siempre fui un buen nadador. Además tenía en esa época la resistencia y el vigor de una juventud que aún estaba por empezar.

Todo iba muy bien, nos estábamos divirtiendo de lo lindo, hasta que un día mi primo Roberto, que tendría cuando aquello 6 ó 7 años, amaneció con una fiebre altísima, de mas de 40 grados centígrados. Recuerdo perfectamente que mis tíos estaban muy preocupados y que mi tío Raúl, antes de irse para su trabajo en el central, le dijo a mi tía Nené:

- Llama al médico del central ahora mismo. No se te ocurra llamar a la viejita curandera esa que anda por ahí, a esa Panchita. Me llamas al médico, ¡al doctor! ¿está claro?

Mi tía Nené lógicamente asintió y envió de inmediato a la criada de la casa a que fuera corriendo a avisar al médico del central.

En menos de una hora estaba el doctor en la casa, recuerdo muy bien que era un hombre de mediana estatura de unos 40 años, moderadamente envuelto en carnes, casi totalmente calvo, de bigote negro, éste recortado sobre lo fino. Venía vestido con una bata blanca de doctor y traía el clásico maletín negro de médico.

Yo estaba preocupado al igual que el resto de la familia y acompañé al doctor hasta la habitación de mi primo. Muy amable y diligente el galeno pasó a reconocer a mi enfermo primito que estaba en cama sintiéndose horriblemente mal, apenas si abría los ojos o hablaba, tan alta era la fiebre.

El doctor le puso el termómetro para comprobar la temperatura y lo reconoció con el estetoscopio, le miró la garganta, "abre la boca y di Ah", y le revisó los ojos, como todos sabemos que hacen los médicos. Entonces, el doctor hizo una pausa y se dirigió a mi tía, diciendo:

- Usted conoce a una señora que se llama Panchita, la que se dedica a "pasar la mano", ¿sabe quién es?

Mi tía sabía quien era Panchita.

- Bueno, pues llame a Panchita y dígale que venga a "pasarle la mano" al niño, Usted verá como se mejora.

Eso fue todo. Ni medicinas, ni recetas, ni más nada. Llamar a Panchita.

Mi tía mandó buscar a Panchita. Al poco rato vino la servicial viejecita, que era delgadita y muy pequeña de estatura, pidió aceite de oliva, le levantó la camisa a mi primito y procedió a "pasarle la mano" por el estomago.

Menos de una hora después, sin exagerar, mi primo Robertico estaba retozando y jugando pelota con nosotros en el patio. Para las gentes que vivían en Cuba en esa época, este episodio no tenía nada de extraordinario. Todo lo contrario, era muy común curar a los enfermos mediante el simple expediente de "pasarle la mano".

En las primeras décadas del siglo XX todavía existía en Cuba una fuerte tradición de curanderas y comadronas. Los partos eran atendidos en su mayor parte por comadronas privadas que iban a las casas de las parturientas y que en su mayoría habían aprendido la profesión por si mismas, perpetuando una tradición oral.

Amalita, la comadrona que atendió a mi madre cuando yo nací, era vidente y espiritista. Cuando alguien la iba a buscar a la casa para atender una emergencia, ya Amalita estaba en el portal de su casa del barrio de Luyanó en La Habana, detrás de la Quinta "Hijas de Galicia", esperando, toda vestida de blanco, como una enfermera, y con sus maletines de instrumentos médicos listos y esterilizados, hirviéndolos a su manera.

Es decir, Amalita sabía por anticipado que la venían a buscar para atender una emergencia y cual era el motivo de la misma. Ella nos explicaba que los espíritus siempre la avisaban con anticipación cuando alguien se encaminaba a reclamar sus servicios con carácter urgente y hasta le informaban de que se trataba y para atender a quién. Quizás pudieran ser ángeles o espíritus de la naturaleza los que la avisaban, pero creo que más bien, en el caso de Amalita, pudiera tratarse de seres humanos que habiendo fallecido mantenían una relación con ella, ayudándola en su benéfica y dedicada labor. Porque Amalita, no importaba la hora ni el día, nunca decía que no. Muy pocas personas tenían servicio telefónico en las casas en esos días, eran un lujo muy raro en la Cuba de los años 30 del Siglo XX. Pero lo cierto es que a ella no le hacía falta.

Además, casi todas las viejecitas sabían curar a los enfermos de la casa mediante el simple expediente de "pasar la mano", con aceite de oliva, por el estómago del doliente. A ese efecto, todos los males se diagnosticaban como "un empacho", como queriendo decir que alguna comida le había caído mal al enfermo.

El pasar la mano era toda una ceremonia, la curandera presionaba repetidas veces con gran fuerza hacia dentro y hacia abajo sobre el estómago del doliente por encima del ombligo. El paciente sentía, y lo digo por experiencia, que había una conexión mental o psíquica entre la curandera y el enfermo, un traspaso de energías, que era tanto o más importante en la curación que el simple acto de "pasar la mano". Si era sensitivo, el paciente también se percataba del esfuerzo de la curandera por batallar con la enfermedad y vencerla, extrayéndola con el ejercicio de su fuerza de voluntad del cuerpo del enfermo. Esto explica porqué con el simple acto de "pasar la mano" la curandera podía sanar diferentes dolencias aunque éstas no estuvieran relacionadas precisamente con la digestión del paciente.

Como una anécdota interesante sobre la comadrona que me trajo al mundo, la muy especial Amalita, recuerdo que ella nos contaba de una ocasión en que una señora a quien ella había atendido en varios partos, vino con toda la familia a visitarla a su casa. Esto no era nada extraño, Amalita mantenía una cálida relación de amistad con sus pacientes, a nosotros nos visitaba frecuentemente en nuestra casa de Cojímar sólo para conversar.

Se sentaron todos a compartir alrededor de la mesa del comedor y en un giro de la conversación esta señora que la visitaba comenzó a hablar mal de una mujer que había fallecido recientemente y que estando en vida había sido amistad común de las dos. Según Amalita, la fallecida se encontraba presente en cuerpo astral oyendo la conversación, lo que ella, teniendo total clarividencia, podía ver perfectamente bien.

Notando que hablaban mal de ella, la fallecida levantó lentamente un vaso de agua de la mesa del comedor alrededor de la cual se encontraban todos sentados y lo derramó sobre la visitante que la ofendía, la cual comprendiendo de inmediato lo que había sucedido y quien lo había llevado a cabo, salió corriendo despavorida de la casa de Amalita para no atreverse a regresar jamás.

—III—

LA CASA DE MANUEL COELLO

"Barriendo el piso"

El hospital de Emergencias de la Ciudad de La Habana se encontraba ubicado en la amplia Avenida de Carlos III. A un costado del mismo, por la calle denominada precisamente calle Hospital, estaba la casa de mi amigo Manuel Coello, en el tercer piso de un viejo edificio de apartamentos de estilo muy típico dentro de la arquitectura colonial de la capital de Cuba, de puntales muy altos y con largos balcones enrejados que daban a la calle.

Mi amigo se llamaba Manuel Coello Dupotey. El segundo apellido de mi amigo era naturalmente el de su mamá y tenía el indiscutible sonido y la peculiar ortografía que hacía suponer que era de origen "indio", o sea, propio de los aborígenes, Taínos y Siboneyes que habitaban la isla de Cuba cuando por primera vez la visitó Cristóbal Colón en 1492.

Esto en sí era contrario a la sabiduría popular. Hasta en los libros de historia que se usaban en las escuelas, se decía que los colonizadores españoles, en las primeras décadas de la conquista, habían totalmente exterminado a los indios o aborígenes de la isla. ¿Cómo era posible explicar que hubiera entonces ciudadanos con apellidos y apariencias que a todas luces parecían venir de ellos?

Efectivamente, la señora madre de mi amigo Manolo era una india cubana cien por ciento. De color cobrizo la piel, la cara alargada verticalmente, el pelo negro y lacio arreglado a la manera de las mujeres de aquellos desaparecidos y pacíficos habitantes de la isla de Cuba, con un moño alto que les confería un especial estilo y distinción.

Coello siempre fue uno de mis favoritos amigos y compañeros de colegio. Compartíamos con el entusiasmo de la juventud nuestras inclinaciones literarias y musicales. Muy alto y delgado y de porte distinguido, su piel morena clara contrastaba con el puro azul de los ojos, siempre pensativos. Manolo tenía el tipo, aunque no lo fuera, de un mulato de Santiago de Cuba.

La revolución de los negros esclavos en Haití (1791-1804) decretó la emigración de miles de franceses que habían sido dueños de plantaciones, cafetales y centrales azucareros en esa isla. Gran parte de los franceses desposeídos por la revolución Haitiana terminaron relocalizándose en Cuba, ubicando sus plantaciones y hermosas mansiones en las montañas que rodean la muy pintoresca ciudad de Santiago de Cuba.

Como dato curioso, yo me encontraba presente cuando un grupo de obreros y artesanos se dedicaba a la reconstrucción de una de estas hermosas mansiones, ubicada en la cima de una de las montañas de la Provincia de Oriente, al Este de la ciudad de Santiago de Cuba, cerca de la elevación conocida con el nombre de "La Gran Piedra".

El lugar escogido por aquellos franceses del Siglo XVIII no podía haber sido más encantador. Al sur las montañas descienden abruptamente sobre el impresionante azul obscuro del mar Caribe, hacia el norte la mirada se hunde en un profundo valle salpicado en la lejanía de mansiones francesas muy similares a ésta que yo visitaba, de orgulloso diseño, y hacia el este, perdida en la bruma, la bahía de Guantánamo con los barcos de la marina norteamericana fondeados en puerto. En los días claros, en esa misma dirección se podían delinear las lejanas costas de Haití, precisamente de donde los galos habían venido. Ahora estaban convirtiendo a la mansión en un museo de cera, para la atracción de los turistas. Uno de estos artesanos que trabajaba en el lugar nos mostró la cara enrojecida por una fuerte bofetada que había recibido esa mañana al entrar en una de las habitaciones, al parecer propinada por un duende o un fantasma que evidentemente se oponía a la comercialización de las ruinas.

Con el correr de los siglos se produjo el inevitable mestizaje de los franceses emigrados de Haití con los negros y los mulatos de esa zona de Cuba, dando lugar, principalmente en Santiago de Cuba y sus alrededores, a una particular casta de mulatos y bellísimas mulatas de piel morena clara y ojos verdes o azules.

Era la primera vez que visitaba la casa de Coello y después de saludarlos a todos procedo a sentarme en una de las butacas de la sala. De inmediato siento el sonido inconfundible de que alguien está barriendo, con una escoba, a mis pies, exactamente delante de mí. Inocentemente se lo digo a mi amigo Manolo y a su señora madre, ya que el barrido no se detenía.

Ellos se miraron a los ojos y enseguida me contaron que a algunos visitantes anteriores les había sucedido lo mismo. Sin embargo, aunque los visitantes, al igual que yo, oían claramente el sonido del barrido a sus pies con una escoba, mi amigo Manolo y su mamá no podían oírlo.

Este episodio de ir de visita a alguna casa y sentir el sonido de que le barren los pies al visitante, no era de ningún modo insólito o desacostumbrado. En numerosas ocasiones he oído narrar a personas incidentes parecidos, pero esta era la primera y única vez en que esto me sucedía a mí personalmente.

¿Qué significa en realidad éste barrido a los pies de un visitante? Muchos años después llegué a la conclusión de que tal vez en la casa de Manuel Coello, como en muchas otras, moraba alguna entidad, probablemente activa en el plano astral (1).

Esta entidad, que podía ser o no ser humana, se había erigido, ya por su propia decisión, por afinidad, o por conjuro familiar consciente o inconsciente, en un defensor de la morada.

Para llevar a cabo su labor protectora, me parece acertado pensar que la entidad barría los pies del visitante, ya fuera en un gesto de hostilidad, como diciendo: *"Usted no es un miembro de esta familia ni es bienvenido en esta casa"*, o quizás también en una actitud de higiene espiritual, como limpiando las vibraciones del visitante con el simbólico barrido, siendo estas vibraciones extrañas o incompatibles con las de los habitantes de la casa en cuestión. Sea la razón que fuera, el barrido delante de mis pies se mantuvo durante varios minutos y es muy curioso el hecho de que ni mi amigo Manolo ni su mamá pudieran oírlo.

Posteriormente y a lo largo de mi vida, estos fenómenos clasificados como de "clariaudiencia", o sea la facultad de oír por encima de lo que un ser humano normalmente percibe, se repitieron varias veces. Personalmente atribuyo esto a mi eterna afición y práctica constante de la música, lo que sin duda había refinado mi facultad auditiva. Como ya se verá más adelante, en la mayor parte de los casos en que algo parecido me sucedió, yo era la única persona que podía oír estos sonidos. En algunas ocasiones, en cambio, el fenómeno auditivo fue compartido con otros.

(1) El plano astral, como se le conoce más comúnmente en el occidente, es de materia más sutil que la materia física. Entre los muy numerosos habitantes del plano astral se cuentan, al menos por un tiempo, los humanos que ya han fallecido o desencarnado, así como seres de evoluciones paralelas a la humana, incluyendo por supuesto a los ángeles, los llamados espíritus de la naturaleza como los duendes, hadas y gnomos, las formas elementales y las energizadas por las emociones y los pensamientos humanos. Todos los objetos del plano físico tienen su contrapartida astral, incluyendo por supuesto a los seres humanos que estando vivos habitan un cuerpo físico. El plano astral es más estable, real e intenso que el plano físico.

La facultad de "ver" o percibir a los habitantes del plano astral o a la contrapartida astral de los objetos físicos se conoce comúnmente como "clarividencia".

—IV—

LA HABANA 1955

"Coro de Ángeles"

"Como celestes trovadores, dulces y bellos,
En el arte musical divinamente diestros . . ."
Ramayana—Canto IV

La Habana de 1955 estaba aún marcada por el golpe de estado en 1952 del General Fulgencio Batista que rompió la continuidad democrática que se había logrado establecer en Cuba a partir de la constituyente de 1940.

La ciudad y el país aún no habían empezado a ver la prosperidad que traerían seguidamente el turismo, los casinos de juego y los clubes nocturnos estilo Las Vegas. Las protestas estudiantiles organizadas a veces por oportunistas con ambiciones políticas, unidas a la ilegitimidad del gobierno de Batista y la incapacidad de la sociedad civil de encontrar una salida, ya comenzaban a perfilar el siniestro destino que terminó llevando al poder a la tiranía totalitaria de Fidel Castro y su camarilla.

Había sin embargo en La Habana de entonces una vida nocturna alegre y bulliciosa que reflejaba muy bien el carácter festivo y displicente de los cubanos. Decenas de bares y clubes nocturnos se mantenían abiertos hasta bien entrada la madrugada, más de 30 teatros funcionaban con gran variedad de obras teatrales y hasta en los cinematógrafos, por una exigencia del Sindicato de Artistas, había a diario espectáculos en vivo.

Rodeada de bellísimas playas y con un clima perfecto, la ciudad de La Habana era en aquella época, a pesar de las dificultades políticas, una ciudad muy agradable para vivir. Tanto era así que miles de norteamericanos que iban a visitar Cuba como turistas, se quedaban a vivir en la isla con carácter permanente. Todo lo contrario de lo que sucedió después, cuando el sistema comunista, absolutista y dictatorial implantado por la tiranía castrista provocó la emigración masiva de cubanos principalmente hacia Estados Unidos.

Yo había acabado de terminar la enseñanza secundaria, graduándome, con tan sólo 16 años de edad, de Contador Privado en la Academia de La Salle, operada por los Hermanos de La Salle, con sede principal en Francia, para proseguir de inmediato mis estudios de

Contador Público en la Universidad de Sto. Tomás de Villanueva, con su sede principal en Estados Unidos.

Mis padres se habían mudado a un apartamento que se encontraba en la esquina de las calles Infanta y San Francisco, al lado del cine Astral, en los altos de la distribuidora Phillips.

Mi primer trabajo fue en la "Casa Rex Tone S.A." como auxiliar de contabilidad. Este negocio se dedicaba a distribuir en Cuba las pinturas Sherwin Williams, los productos de marca 3M como las cintas de celofán "Scotch Tape", las ceras Johnson, los compresores DeVilbiss y otras marcas de productos muy conocidas. Era un comercio muy exitoso.

Los negocios y las viviendas en La Habana se habían desarrollado espontánea y caóticamente, y sin orden ni concierto se disputaban los espacios disponibles. Según crecía la empresa, ubicada en la esquina de las calles Neptuno y San Francisco, a sólo tres cuadras de mi casa, la familia Álvarez, dueños que eran de la Casa Rex Tone, iban adquiriendo e invadiendo las casas de vivienda aledañas, lo mismo horizontal que verticalmente.

Debido a esto, el almacén se encontraba en los bajos de las casas que habían adquirido a lo largo de la calle Neptuno, mientras que las oficinas se hallaban encima del almacén, en el segundo piso de un edificio de tres, ocupando el espacio de lo que habían sido antes casas de vivienda. En el tercer piso de este edificio ahora dedicado a almacén y oficinas, aún se mantenían viviendo dos familias, una en el apartamento o casa de la izquierda y otra en el apartamento o casa de la derecha.

Mi trabajo yo lo desempeñaba en el segundo piso que ocupaban las oficinas, esparcidas alrededor de un patio central bastante amplio, el piso pintado de color rojo, adornado con arecas y otras plantas y donde penetraba muy bien la luz del sol. Desde el patio se podían ver mirando hacia arriba los balcones enrejados que corrían a todo lo largo de las dos casas o apartamentos, todavía dedicados a viviendas, ubicados a derecha e izquierda en el tercer piso. Dicho de otra forma, también los vecinos del tercer piso podían mirar hacia abajo y ver a los trabajadores de oficina atravesando el patio, según necesitaban dirigirse a alguna de las otras oficinas o a los servicios sanitarios o baños.

En aquellos tiempos muy anteriores a las computadoras, los contadores y auxiliares de contabilidad tenían que trabajar con hojas de trabajo columnares. Cuando había que clasificar las ventas, estas hojas de trabajo podían tener decenas de columnas, se utilizaban varias páginas pegadas, cada una hasta de 17 pulgadas de ancho, para lo que se requería una superficie bastante grande. En mi buró no había espacio suficiente, por lo que yo decidí ir a hacer este tipo de trabajo al salón de reuniones, que se usaba muy esporádicamente, casi siempre estaba por lo tanto vacío y donde había una muy larga mesa de conferencias rodeada de varias butacas que me permitía trabajar las amplias hojas de trabajo con toda comodidad.

Este día específico me acompañaba una mecanógrafa y secretaria muy joven y bonita que se ocupaba diligente y silenciosamente de mecanografiar sus facturas mientras yo, también en silencio, me ocupaba de clasificar las ventas.

Embebido en la rutina de mis labores, me encontraba totalmente tranquilo y relajado cuando empecé a oír unas voces que parecían ser de niños jugando alegremente y que venían del tercer piso. El clima de Cuba no requería de aire acondicionado todo el tiempo, las ventanas y puertas del salón de reuniones estaban totalmente abiertas, dejando entrar en la habitación donde trabajábamos, la claridad del patio central y con ella las voces alegres de los niños juguetones.

Al poco tiempo, resultó que los niños se pusieron a cantar. Tenían muy buenas voces y afinaban muy bien, pero al rato de estar cantando se interrumpían con alegres risas para empezar otra vez. Yo había sido desde niño miembro del coro de la Academia de La Salle, mi colegio, y además desde los doce años tocaba la guitarra. Habiendo tenido algún entrenamiento musical, me percaté de que siendo más de dos, hacían dúo, o sea cantaban agrupados en dos voces diferentes separadas por un intervalo de terceras. Enseguida se me ocurrió pensar que eran niños que cantaban en el coro de su colegio y que como diversión estaban vocalizando piezas musicales aprendidas allí,

Lo que estas voces infantiles entonaban tenía el aire de ser un minueto o danza similar europea medieval o renacentista, pero también podía haber sido algún tema religioso. El idioma no era ciertamente español. Me pareció que cantaban en un idioma europeo, probablemente en latín.

Yo estaba encantado con lo que oía. Al parecer, mi afición a la música me hacía disfrutarlo extraordinariamente. No pude contenerme más y le comenté a la muchacha secretaria que estaba mecanografiando sentada conmigo en el salón de conferencias sobre lo lindo que cantaban esos niños del tercer piso.

Ella me miró y siguió trabajando silenciosa. Yo volví a repetirle lo mismo pero levantándome de mi asiento y acercándome a ella, pensando que el ruido producido por las voces de los niños cantantes no le permitía oírme bien.

Pero en lugar de contestarme, ella sencillamente se levantó y se encaminó a la oficina principal. En dos minutos estaba de vuelta con su amiga Ana, otra de las secretarias, que venía sonriendo mientras me decía:

- "¿Dice Elenita que tú le has dicho que oyes a unos niños cantando?

Yo le contesto:

- "Pues claro que sí. ¿No los oyes tú? ¡Están cantando ahora mismo en el tercer piso!"

Para mi total desconcierto Anita me dice:

- "¡Pero es que ni ella ni yo oímos nada!"

Yo no podía creer aquello. De inmediato salí de la oficina y subí las escaleras hasta el tercer piso y me puse a tocar frenéticamente en el apartamento de donde salían las voces, que era el de la izquierda. Toqué a la puerta fuertemente y durante largo rato y nadie contestó. Entonces, y por si acaso, llamé también a la puerta del otro apartamento, el de la derecha. Nadie contestó tampoco. Al parecer no había nadie en ese momento en ninguna de las dos casas o apartamentos del tercer piso.

Posteriores averiguaciones realizadas por mis compañeros de trabajo, que quedaron todos muy impresionados con lo sucedido, resultaron en lo siguiente: en ninguna de las dos casas había nadie a esa hora, tampoco en ninguna de las dos casas vivían niños o visitaban niños, lo que fue confirmado hablando con los vecinos. Ambos apartamentos estaban habitados por dos parejas de personas mayores que se encontraban en ese momento fuera de sus casas, de seguro en sus lugares de trabajo.

Nunca le he encontrado una explicación satisfactoria a lo sucedido. Sospecho que como que yo me encontraba tan tranquilo y relajado, mis facultades auditivas se hicieron más sensitivas momentáneamente y pude "oír" a un coro formado festivamente por ángeles o espíritus de la naturaleza. (1)

(1) De acuerdo a las enseñanzas tradicionales esotéricas, los ángeles y espíritus de la naturaleza son evoluciones paralelas a la humana que comparten nuestro planeta.

En general, las bacterias, hongos, hierbas, cereales, insectos, peces y animales marinos y las aves, pertenecen a la evolución de los ángeles, mientras que los musgos, helechos, árboles, grandes reptiles y los mamíferos terrestres conforman la evolución humana.

Ocasionalmente, los seres de esta evolución paralela de los ángeles y los llamados espíritus de la naturaleza realizan determinadas tareas y a veces hasta bromas, que los relacionan con el género humano de manera momentánea. En las sesiones espiritistas se da a veces el caso de que uno de estos duendes o elementales, sin ser invitado, participa para hacer travesuras. Popularmente en Cuba se les ha puesto el nombre de "Espíritu Burlón".

—V—

UNA CASA ENCANTADA

"La Casa de María García"

La Sra. María García sería en definitiva mi primera suegra, la madre de mi primera esposa, y su casa se encontraba en La Habana, en Carlos III y Soledad, al costado de lo que antiguamente había sido la Academia de La Salle, donde yo había cursado mis estudios de segunda enseñanza y cuyo venerable edificio había sido derribado para erigir en su lugar las modernas oficinas de la Empresa Eléctrica.

Esta casa consistía en el segundo piso compartido a la mitad de un edificio de tres pisos, con patio central en el medio, esta vez el patio en la planta baja. Se trataba de una casa larga como tantas otras en La Habana de esa época. El comedor y la sala se encontraban delante, al entrar por la puerta principal y un pasillo largo que se extendía hacia el fondo, alrededor del patio central, llevaba a las habitaciones, los baños y la cocina.

Este pasillo estaba franqueado en el segundo piso, del lado izquierdo, por un muro de unos seis pies de alto, hecho con ladrillos y cemento, pintado de amarillo pálido. Este alto muro tenía la ventaja de que daba privacidad a los vecinos de la planta baja, impidiéndoles caer bajo la vista de los vecinos de arriba. A la derecha del largo pasillo, estaban las habitaciones.

Por aquellos tiempos yo estaba de novio de la que fue después mi primera esposa, la única hija de María, Mi futura suegra tenía la amabilidad y la generosidad de invitarnos a almorzar a mi hermano Jorge y a mí de vez en cuando. Esperando que la señora María sirviera el sabroso y muy bien preparado almuerzo, me sucedieron en esta casa los fenómenos que narro a continuación.

"El fantasma y los perros"

Lo primero fuera de lugar que noté, fue algo relacionado con los dos perros que había en la casa. Uno era de tamaño bastante grande, el otro más bien mediano pero muy fuerte de complexión. Estos dos animalitos eran por lo general tranquilos y cariñosos, pero de vez en cuando se ponían furiosos y ladraban agresivamente a alguien que seguían por toda la amplia sala comedor hasta acorralarlo contra la pared o en una esquina.

Ese "alguien" yo no lo veía. O sea, aparentemente los perros podían ver y acosaban a una entidad probablemente activa en el plano astral que se encontraba en la casa o la visitaba ocasionalmente y esa entidad no era de su agrado. Cuando le contaba esto a la Sra. María no hacía nada más que sonreír, ella no le daba ninguna importancia.

"El flautista"

En la sala de la casa había un piano. La que fue mi primera esposa recibió durante algún tiempo lecciones de piano y aunque ya rara vez lo tocaba, el piano aún estaba allí. Yo siempre había tocado guitarra, no poseía un piano. Pero esperando el almuerzo y encontrándome sólo, pues mi novia trabajaba a esas horas en la Empresa Telefónica, varias veces me senté en el banquillo del instrumento donde me ponía a improvisar.

Por lo menos en dos ocasiones me sucedió que precisamente la melodía que yo tenía en mente la empezaba a tocar una flauta. Yo me dedicaba entonces a acompañar a la flauta en su melodía. Mientras esto sucedía todo me parecía muy normal y tan sólo al poco rato me daba cuenta de lo absurdo de la situación.

En la segunda ocasión en que esto me sucedió el sonido de la flauta comenzó a subir más y

49

más de volumen, entonces me doy cuenta de que el flautista se encontraba precisamente detrás de la puerta principal de entrada, a sólo unos pies hacia la izquierda del piano.

Tomo entonces la decisión de levantarme y caminar hacia la puerta de entrada y el sonido de la flauta, ya sin el acompañamiento del piano, se hacía más y más fuerte, tanto así que la puerta de entrada, una puerta extremadamente alta y pesada que se correspondía con el altísimo puntal de la casa, vibraba con el sonido como si fuera a ser arrancada de sus bisagras. Venciendo la natural aprensión, tomo el picaporte en la mano, el cual vibraba como bajo el influjo de una fuerte corriente eléctrica, y abro la puerta de repente . . . para no encontrar nada del otro lado. El sonido de la flauta también cesó de inmediato.

"El violinista"

Todos los fenómenos detallados arriba sucedieron estando yo solo esperando mi almuerzo. Pero en esta otra oportunidad éramos mi hermano Jorge y yo los que estábamos esperando a que nos sirvieran cuando ambos oímos, viniendo de la casa de los bajos y a través del patio central, el sonido de un violín.

El instrumento tocaba sólo, sin acompañamiento orquestal. Nos percatamos de inmediato de que se trataba de un músico que se encontraba ensayando la parte principal del violín, del primer concierto para violín y orquesta de Tchaikovski. El violinista se interrumpía en algunos pasajes y los repetía, como quien practica y memoriza una obra de música clásica, preparándose para el concierto que tendrá que ejecutar después delante del exigente público. Siendo yo un intérprete de la guitarra y un aficionado a la música clásica, me era fácil darme cuenta de estos detalles.

Mi hermano y yo estábamos encantados y sorprendidos de tener por vecino a tan talentoso violinista y en ningún momento se nos ocurrió pensar que se trababa de algún fenómeno fuera de lo común. Para oír mejor al violinista, caminamos hacia el pasillo central de la casa y nos apoyamos en el muro, que era tan alto que no nos dejaba mirar hacia debajo.

Pero cuando llega la Sra. María con el almuerzo y le comentamos sobre el violinista solo hacía sonreírse porque ella sabía perfectamente que ni en los bajos ni en ninguna de las casas aledañas vivían músicos, sino antes bien gentes vulgares, ignorantes y mediocres del pueblo bajo. A ella le daba hasta risa pensar que alguien como el que describíamos, de ese talento y esa distinción viviese en aquel barrio de gente inculta y así nos lo hizo saber. Y por supuesto, ella no había oído ni estaba oyendo al violinista.

Como quiera que mi hermano Jorge y yo continuáramos insistiendo en que oíamos perfectamente a un violinista, María hizo de inmediato una investigación, bajó y habló con los vecinos de los bajos y de los altos, le dio la vuelta a la esquina y habló con los vecinos de todas las otras casas colindantes. Nadie había oído a un violinista. Ningún músico ni violinista de ninguna clase vivía ni visitaba por aquellos alrededores.

Este fenómeno auditivo se prolongó por poco más de media hora. Era imposible atribuir esto al sonido de un radio o de un televisor o a un tocadiscos debido a varias razones.

El sonido que mi hermano y yo percibíamos tenía todas las características de producirse en vivo y por un instrumento y un intérprete que se encontraban en la casa de los bajos. Cuando el sonido es procesado por el pequeño amplificador y las bocinas de un radio o un televisor, y más aún en los de aquella época, el sonido pierde la naturalidad de un sonido en vivo y se nota muy fácilmente la diferencia.

La interpretación del violinista se prolongó sin interrupciones *comerciales*. Además, el concierto para violín y orquesta de Tchaikovski no se interpreta a violín sólo, sino que siempre se toca con el acompañamiento de una orquesta sinfónica. El intérprete que oímos mi hermano Jorge y yo no tocaba el concierto de corrido, sino que se interrumpía y repetía ciertos pasajes como hace un músico cuando está estudiando, memorizando o perfeccionado una interpretación y no interpretándola para el público.

De ninguna manera podía haberse tratado de un disco, menos aún en los finales de la década de 1950 y en aquel barrio. En aquellos tiempos, solamente las personas "ricas" o de dinero podían poseer un tocadiscos de alguna calidad. En aquella época, los músicos tampoco grababan sus ensayos, sino solamente el producto terminado. Por supuesto, las personas no tenían la facilidad de grabar que tenemos todos hoy en día con las computadoras y otros equipos electrónicos, inexistentes o muy raros en aquellos tiempos. Las grabaciones había que hacerlas únicamente en los estudios de grabación de las estaciones de radio y televisión.

Además de nosotros dos, en la casa se encontraban mi futura suegra y su hermana. Ninguna de las dos en ningún momento pudo oír la interpretación del fantasmal violinista que mi hermano y yo disfrutamos.

"El alma en pena"

Posteriormente, al contarle estos episodios a la que era mi novia y después fue mi primera esposa, ella me narró que cuando ella era niña y venía de la escuela subiendo las escaleras hacia su casa, se encontró que en pleno día, bajando las escaleras venía flotando el fantasma de una mujer, envuelto en nubes negras de sufrimiento y angustia, extendiendo los brazos hacia ella como pidiéndole ayuda.

Esta visión impactó tremendamente a mi novia, afectó sus nervios y su tranquilidad de niña por muchos años. Ella nunca llegó realmente a saber quien era esa atormentada alma en pena ni porqué había venido a pedirle ayuda precisamente a ella, una niña de pocos años y aún sin experiencia ni una historia que contar en su vida.

La aparición dejo tres marcas color de sangre en la pared de la escalera que daba acceso a la casa, formando un triángulo invertido hacia abajo. Las manchas de sangre, de color rojo obscuro, penetraron profundamente la pared, teniéndose que llamar a un albañil y a un pintor para removerlas.

Tratando de ofrecer algún tipo de explicación sobre lo anteriormente narrado, me parece acertado pensar lo siguiente:

1) Los perros de la casa acorralaban y le ladraban probablemente al cuerpo astral de una persona desencarnada, o sea a un "fantasma". Podía tratarse también de un burlón espíritu de la naturaleza, aunque yo no lo creo en este caso. Curioso es el detalle de que los perros, al ladrar, miraban hacia arriba, como mirando a los ojos de una persona humana de estatura normal. Es sabido que los "duendes" no pasan de cuatro pies de estatura y algunos son mucho más pequeños. También es interesante que la entidad perseguida por los perros parecía tenerles respeto o miedo, huyendo de ellos hasta ser acorralado por los mismos y su camino de huída era interrumpido por la pared. Solamente un espectro muy apegado al plano físico puede creerse limitado por un muro.

2) En cambio si estoy convencido de que en el caso del flautista invisible se trataba de un espíritu de la naturaleza o alguien quizás más evolucionado del reino de los ángeles, que de alguna manera quiso participar en la música que yo estaba creando con mis improvisaciones. El fenómeno también puede ser explicado como un "Poltergeist" creado por mi propia energía, aunque yo no lo creo así.

3) No tengo una respuesta clara para el caso del violinista que ensayaba el concierto de Tchaikovski. En este caso puede tratarse de un espíritu de la naturaleza jugando con nosotros, pero me parece mas probable que se tratara de un violinista que ya no se encuentra entre los seres humanos vivos, o de un violinista vivo ensayando a miles de kilómetros de distancia o en otro lugar del tiempo.

4) Por último, la horrorosa aparición envuelta en nubes negras se trata sin dudas del cuerpo astral de una persona fallecida que sufre su propio infierno, una condena creada por su propia mente y a consecuencia de su propia vida, quizás un suicida, porque el infierno como tal, como un lugar separado y dedicado a quemar almas en la hoguera, queridos lectores, no existe.

Es muy importante que se comprenda que tanto el cielo como el infierno son creaciones de nuestra propia mente, producto de nuestras experiencias, de lo que hicimos o pudimos hacer con nuestras vidas, de nuestra particular comprensión de la realidad y de nuestras relaciones con otros seres.

Queda por dilucidar porqué la aparición se dirigió precisamente a mi novia siendo ella sólo una niña. Es posible que se tratara de alguien relacionado con ella en una vida anterior, quizás la madre en esa otra vida o un pariente muy cercano. También puede suceder, que sin haber una relación de parentesco o afecto, el fantasma detectó cierta facultad clarividente en mi novia y decidió comunicarse con alguien suficientemente sensitivo como para verlo. Es generalmente aceptado que "si tu los puedes ver a ellos, ellos te ven a ti" y cuando decimos ver queremos decir también sentir o percibir, ser sensible a los seres de otras dimensiones.

Le deseamos de todo corazón a la infeliz mujer, a esta pobre alma en pena, que haya sido rescatada y haya superado su horrible sufrimiento, abandonando su espantoso infierno personal para encontrar el perdón y la felicidad.

—VI—

LA SOCIEDAD TEOSOFICA EN CUBA

"Misteriosa edición especial de Isis sin Velo"

La Sociedad Teosófica en Cuba, que tenemos entendido fue fundada en el año 1905, se encontraba a finales de la década de los años 50 en La Habana en un edificio cercano a la Avenida de Rancho Boyeros, en el barrio conocido como "Ensanche de La Habana" o también "Ayestarán", por la avenida que lo delimitaba hacia el Este.

La que era en esos momentos mi novia y después fue mi primera esposa había tenido amistad con un impresionante y genial joven Rosacruz. Este joven al parecer tenía la habilidad de borrar su imagen de los espejos a voluntad y también desaparecer de nuestra vista del sillón donde se encontraba sentado. Nunca supimos si para estos fines utilizaba la hipnosis o alguna otra habilidad desconocida por nosotros, aunque más adelante aprendimos que el control sobre la visibilidad de la imagen propia es uno de los atributos de la teurgia.

Este brillante muchacho según parece aceleró en demasía sus estudios de ocultismo y murió al poco tiempo de un tumor cerebral. Es posible que su muerte no se debiera a la práctica del esoterismo y la magia, pero los que lo conocían opinaban lo contrario y se insistía en que no había acompañado sus intensos estudios esotéricos con una dieta vegetariana que mantuvieran limpio su cuerpo físico y su aura de las inconvenientes vibraciones animales. La activación prematura e incontrolada del llamado *kundalini* o fuego serpentino (1) también puede resultar peligrosa para un estudiante.

Las amistades ocultistas de mi novia terminaron invitándonos a una sesión de la Logia Koot-Hoomi en la Sociedad Teosófica de La Habana. Esta logia resultó ser ideal para nosotros. Casi todos los miembros eran gente joven como nosotros, de entre 18 y 25 años, alegres, llenos de energía, fervientes vegetarianos, confiados y convencidos de que al fin habían encontrado una explicación completa y coherente del mundo en la Teosofía. Después de pasado un tiempo, el que esto escribe fue seleccionado para ser Presidente de esta logia.

En el siguiente capítulo narraré con más detalles las sorprendentes aventuras de carácter esotérico o espiritual que pude vivir en la Sociedad Teosófica de Cuba. En este capítulo solamente voy a mencionar algo sobre lo que hasta el día de hoy no he encontrado una explicación.

Según progresábamos en nuestros estudios y lecturas de Teosofía, llegó el momento en que se nos recomendó adquirir y comenzar a leer el libro "Isis sin Velo", la primera obra salida de la pluma de la fundadora de la Sociedad Teosófica en Nueva York en 1875, la Sra. Helena Petrovna Blavatsky.

Yo no recuerdo exactamente donde compré mi ejemplar de Isis sin Velo. Hay dos distintas posibilidades. Lo puedo haber adquirido en la pequeña librería que se encontraba en el sótano o piso bajo de la Sociedad Teosófica, o lo puedo haber adquirido en la famosa y más grande librería de La Habana de aquellos tiempos, "La Moderna Poesía", ubicada en la calle Obispo, en La Habana Vieja.

Lo cierto es que muchas de las páginas de este libro tenían al pié largas explicaciones y notas en caracteres más pequeños. Incluidas en estas notas había un número de mantras o recitaciones de magia, incluyendo también símbolos. Es decir, en esta edición de "Isis sin Velo", había explicaciones e instrucciones bien claras, detallando en que consistía la magia y de cómo llevarla a cabo.

En las ediciones de Isis sin Velo (Isis Unveiled) que he comprado posteriormente en Estados Unidos, no aparecen las notas, los mantras, los símbolos, ni mucho menos las instrucciones para practicar la magia.

Ignoro como esta edición súper especial llego a mis manos. Quizás se tratara de un facsímil o fotocopia de la edición original, o de una edición muy exclusiva. Recientemente adquirí una edición que es un facsímil de la edición original y carece de estas instrucciones sobre la práctica de la magia. No se si todas las ediciones de "Isis sin Velo" que se vendían en Cuba en aquellos tiempos eran así. Me permito sospechar, y en esto coinciden conmigo algunos amigos, que esta edición llegó a mis manos porque ciertas entidades en planos superiores de conciencia lo dispusieron así.

Utilizando uno de estos mantras yo aprendí a encantar un vaso de agua. La persona que consumía el vaso de agua sentía indefectiblemente que el agua contenía una fuerte vibración. Me imagino que la pureza, la inocencia y la tranquilidad de la vida que llevábamos en esa época, el hecho de ser vegetarianos (2) y entusiastas del ocultismo debe haberme ayudado en la efectividad de mis debutantes imprecaciones mágicas.

En un capítulo posterior, el relativo a la curación de mi nieta, llevada a cabo a distancia, los lectores encontrarán todo lo referente a este mantra. Es necesario aclarar que no se trata sólo de recitar una fórmula. Absolutamente nada va a funcionar si la recitación del mantra no se lleva a cabo con total convicción, absoluta fe, fuerza mental e intensa emoción. En otras palabras, el mago tiene que tener absoluta confianza en sí mismo y en lo que hace.

El secreto de la magia es el dominio de los elementales (3) por el mago o practicante de magia. Estos elementales no tienen cuerpo físico, están compuestos de materia astral (emocional) y mental. Mediante el ejercicio consciente de su voluntad en los planos de las emociones y los pensamientos es que el mago consigue dominar los elementales y lograr sus propósitos mágicos.

El practicante de magia solamente debe dedicar y dirigir sus conocimientos y sus esfuerzos hacia hacer el bien desinteresadamente, como en el caso de curaciones, sanaciones o bendiciones de cualquier índole. Hacer el bien sin buscar recompensa, ni siquiera el mero agradecimiento de los que puedan haber sido beneficiados. De esta forma se logra inclusive evitar la creación de relaciones kármicas (4) adicionales que probablemente no le interesen al practicante de magia ni sean su objetivo.

En cambio, si el mago utiliza sus conocimientos para propósitos egoístas o para hacer directamente el mal, no solamente se estará creando relaciones kármicas perjudiciales, sino que muy posiblemente los elementales y fuerzas de pensamiento energizadas negativamente y para hacer el mal, se regresen a él, al practicante, en este caso de magia negra, y venga sobre él precisamente el daño que quería causar a otros, pero multiplicado.

La magia requiere de total pureza e inocencia por parte del practicante, así como de intenciones totalmente desinteresadas. Sin estos vitales componentes, se convierte en *magia negra.*

(1) Se conoce como *kundalini* o fuego serpentino a una de las tres fuerzas vitales o energías que alimentan a los chakras y hacen posible la vida del cuerpo físico. *Kundalini* se desarrolla partiendo del chakra básico que se encuentra en la base de la columna vertebral, ascendiendo hasta activar estos centros de energía y salir por el chakra coronario que se encuentra en la parte superior de la cabeza. Para lograr esto se utilizan ejercicios de yoga, concentrando mentalmente las energías y visualizando el chakra que en ese momento particular se quiere vitalizar. El desarrollo de *Kundalini* despierta las facultades psíquicas en el ser humano.

(2) Siempre se recomienda que los estudiantes avanzados de ocultismo sean vegetarianos. El consumo de carne de animales ensucia el aura con las vibraciones del animal. Cuando el ocultista comienza a manejar fuerzas de la naturaleza ayudado por sus conocimientos de magia y a la vez empieza a ser activo en planos superiores de conciencia, las vibraciones bajas de los animales consumidos lo hacen vulnerable a elementales afines a esas vibraciones

bajas, y aun peor, a entidades negativas que pueden tener malas intenciones, como es el caso de los practicantes de la magia negra. En cambio, una dieta vegetariana puede ayudar a proteger al ocultista y al mago contra influencias, elementales y entidades negativas o malévolas. Cuando consumimos carne de animales participamos también en el karma colectivo de la humanidad que cruelmente abusa de los animales. Estamos absolutamente seguros de que es solamente cuestión de tiempo para que la generalidad de los humanos se vuelva sensible a la crueldad y el abuso que significa la cría, sacrificio y comercio de los animales para ser consumidos. Pasados unos años, la sensibilidad hacia el sufrimiento de los animales convertirá a la población humana del planeta en vegetariana.

(3) Con el término "elementales" nos podemos referir a los clásicos cuatro elementos de tierra, agua, aire y fuego, que representan los cuatro estados de la materia física: sólido, líquido, gaseoso y plasma. Pero en este término también se acostumbra a incluir los seres de evoluciones paralelas a la humana que habitan nuestro planeta, conocidos también en las tradiciones populares como hadas, duendes, gnomos, ondinas, nereidas, sirenas, etc. Los ángeles, aunque pertenecen a esta evolución paralela, nunca son incluidos en el término "elementales",

por ser superiores y mucho más evolucionados aún que la gran mayoría de los seres humanos. Por último, también se acostumbra incluir bajo la definición de "elementales" a las formas de pensamiento y emoción creadas por el hombre inconscientemente en su cotidiano bregar, sentir y pensar. Estas formas de pensamiento y emoción, formadas con materia de los planos astral y mental, pueden ser también conscientemente creadas, intensificadas y manipuladas para un propósito determinado por el practicante de magia.

(4) Karma es la ley natural de acción y reacción que gobierna las relaciones entre los seres y define el curso de su evolución. La energía generada por las acciones, emociones y pensamientos de los seres no se pierde ni se disuelve, tiene el mismo comportamiento que el resto de la materia-energía, tan sólo se transforma. En términos simples y fáciles de entender, las acciones de un individuo lo atan a los seres con los cuales se ha relacionado y han sido beneficiados o perjudicados por estas acciones. Las relaciones kármicas pueden no resolverse en el curso de una vida y en cambio prolongarse y complicarse en el curso de sucesivas encarnaciones. Solamente cuando se actúa con inocencia y sin ataduras nuestras acciones pueden estar libres de repercusiones kármicas.

—VII—

MI AMIGO ORLANDO ARIAS

"Experiencias sobrenaturales compartidas"

En la Sociedad Teosófica de La Habana tuve la suerte de conocer y compartir con varias personas que tenían lo que se conoce comúnmente como "clarividencia", es decir que podían normal y constantemente, o a voluntad, ver a su alrededor los planos superiores de conciencia denominados astral y mental, conocidos también con el nombre de planos espirituales.

Entre estas personas clarividentes estaba mi amigo Orlando Arias, el único clarividente natural en la Sociedad Teosófica en La Habana, de aquella época, con el que tuve una relación de total afinidad y amistad íntima.

Con mi amigo Orlando compartí experiencias paranormales o sobrenaturales extremadamente interesantes. Me pareció por lo tanto que estas vivencias compartidas debían ser incluidas también en este libro y que los lectores van a poder, sin dudas, aprender algo de ellas.

Transmisión del pensamiento

Cuando estábamos en nuestras reuniones en la Logia, Orlando siempre me repetía:

- "No tienes que hablarme, sencillamente piensa lo que me tienes que decir".

Por fin decidí hacerlo, y como no estaba acostumbrado a esos trajines de la transmisión del pensamiento, traté de ponerle alguna fuerza a lo que quería decirle. Al poco rato viene Orlando y me dice:

- "¡No tan fuerte! Veo lo que me dices como luces de neón muy brillantes, tan brillantes que me molestan. No tienes que gritar, solo piensa".

Corriendo la cortina

Ese mismo día se encontraba con nosotros, después de la sesión de nuestra Logia, el Presidente de la Sociedad Teosófica en la Cuba de entonces, el querido Alfredo Puig, un ser humano magnífico.

Como mi amigo Orlando estaba ese día ocupado en eso de leer lo que la gente pensaba, se le ocurrió acercarse a Alfredo Puig para captar sus pensamientos. Alfredo estaba conversando animadamente con otro de los miembros de la Logia, pero de inmediato notó el interés de Orlando, lo miró de lado brevemente y retomó su conversación con la persona que tenía delante.

En ese mismo instante Orlando pudo ver como Alfredo Puig bajaba una cortina cerrándole el acceso a su mente.

Un viaje al siglo XVIII

Orlando vivía en la Avenida del Prado, cerca del Capitolio nacional, en unos edificios muy antiguos. Un día mi amigo viene a verme muy alarmado y me dice, aún asustado:

- "Esta mañana, me levanto y me visto para ir a desayunar en los cafetines del barrio para después ir a trabajar. Todo muy normal. Pero cuando bajo las escaleras: ¡estaba en el Siglo XVIII! La calle era de tierra. Había gentes a caballo y en carruajes. Varias personas, usando espadas al cinto, capas sobre los hombros y grandes sombreros, me pasaron por el lado y me miraban muy extrañados, sería por mis ropas, no sé . . ."

Yo no sabía que decirle, me quede mudo mirándolo. Y el prosiguió:

- "Me dio miedo. Yo no estaba supuesto a estar allí. No sabía que hacer. Regresé corriendo a casa y subí las escaleras. Entré en mi casa y me repetía: 'estoy en el Siglo XX, el año es 1957' . . . Después de un rato, me sentí mas tranquilo y decidí volver a bajar las escaleras. Que alivio cuando sentí otra vez el ruido de la ciudad, el tráfico, las 'guaguas', el gentío . . ."

Es decir, Orlando no podía controlar sus facultades y su conciencia viajaba en el tiempo sin proponérselo y esto sucedía mientras se encontraba en estado de vigilia, completamente despierto. Esto nos da una indicación de la fragilidad de la continuidad espacio-tiempo, que puede ser afectada simplemente por estados alterados de la mente.

Conversación con un fantasma

La Habana recibe las brisas del océano Atlántico. Al norte de la ciudad, un malecón de sólidos y amplios muros protege la capital de Cuba de las iras del mar y a la vez facilita a los habaneros un lugar donde tomar el fresco de la noche y sentarse a conversar.

Una de esas noches habaneras mi amigo Orlando decidió irse a caminar por el malecón a disfrutar de la brisa nocturna y el sonido de las olas, Se encontró sentado en el muro a un señor, con el que compartió una conversación muy agradable e interesante.

Tan interesante, que las horas de la madrugada sorprendieron a Orlando y a su recién conocido conversando. Orlando se da cuenta de que se le ha hecho muy tarde, que al otro día tiene que trabajar, que debe ya irse a dormir para al día siguiente no estar vencido por el sueño, y se despide del señor, se dan la mano.

Mi amigo se baja del muro del malecón y da unos pasos para cruzar la calle con destino a su casa en la ciudad, pero se da cuenta de que su interlocutor no hace lo mismo que él, sino que se baja del muro en dirección al mar, caminando sobre los arrecifes. Orlando entonces regresa, se apoya en el muro, a mirar incrédulo lo que hace su conocido.

El misterioso señor continúa caminando por los arrecifes en dirección al mar, se mete en el mar y continúa andando hasta que las olas lo tapan.

Entonces mi amigo Orlando cae en la cuenta. Ha estado hablando toda la noche con el fantasma de un ahogado.

Transmisión mental de símbolos a distancia

Muchos ocultistas tienen la opinión de que las cucarachas representan la concreción, la materialización de pensamientos malos, de maldiciones y maleficios. No es lo mismo encontrarse con un par de cucarachas aisladas en cualquier lugar, que de repente, en una casa donde hay higiene y limpieza, empiecen a salir cientos de cucarachas de todas las rendijas, de todos los armarios, en la ropa, en la cocina, de las paredes, hasta en los baños. Y el uso de los insecticidas no da resultado. Se convierten en una plaga imposible de erradicar.

Este aluvión de cucarachas, esta invasión repentina de un lugar o de un hogar por las cucarachas, puede ser el resultado de fuerzas de pensamiento negativas creadas inconscientemente por la envidia, los celos, el odio y otros sentimientos bajos. Pero también pueden ser el resultado de maleficios, maldiciones y "trabajos" de magia negra.

Un día, la casa de Orlando Arias se llenó de repente de cucarachas. Decenas de cucarachas salían por dondequiera, de noche se subían a su cama y parecían querer atacarlo. Mi amigo nos contó su problema y como que estábamos avanzando en nuestros estudios de ocultismo y teosofía, el Presidente de nuestra Logia Teosófica, entendió que debía hacer algo para protegernos de los malos oficios de personas o entidades con pésimas intenciones. Con ese fin, nos entregó copias de una especie de *mandala,* es decir, símbolos y palabras en sánscrito presentadas en una forma circular.

Se nos aconsejó que pusiéramos este *mandala* sobre nuestras cabezas, en la cabecera de nuestras camas, para nuestra protección mientras estábamos dormidos. Al día siguiente, Orlando me dice que inexplicablemente se le había perdido su copia del *mandala.* Orlando vivía en el centro de la ciudad, mientras que nuestra casa, yo me había casado recientemente, se encontraba en el barrio del Vedado, a considerable distancia de la de él.

Yo le dije que podía pasar por mi casa y haríamos una copia, pero Orlando, totalmente confiado en sus facultades psíquicas, me contestó que no, que mejor esa noche a eso de las once de la noche yo pusiera mi copia del símbolo delante de mi y se lo trasmitiera mentalmente, que el lo copiaría. Yo estaba acostumbrado ya a estas cosas de Orlando y encontré su sugerencia perfectamente aceptable.

Después de todo, Orlando cuando visitaba nuestra casa, veía la televisión que se encontraba en la sala, en un extremo en forma de "L" que no se veía desde el resto de la casa, perfectamente reflejada en la pared de la habitación del comedor, sin que hubiera ningún espejo en la misma.

De modo que esa noche según se acercaban las once de la noche, yo me puse a buscar el dichoso *mandala,* y resultó que también, sin causa aparente, mi copia de este símbolo había desaparecido, Registré todas las gavetas, mi esposa me ayudaba buscándolo y nada, por ninguna parte aparecía. Llegan las once de la noche y yo cogí otro símbolo que nada tenía que ver con el que estaba supuesto a transmitir mentalmente y me lo puse delante de los ojos.

De inmediato el papel me fue arrebatado de las manos y empezó a volar por toda la casa. La casa estaba cerrada, no había viento, y aquel papel volaba por todos lados y yo no podía cogerlo.

Al otro día me encuentro con Orlando y le digo:

- "¿Podrás creer que mi copia del símbolo también ha desaparecido? Anoche no pude encontrarlo y como llegaba la hora cogí cualquier otro".

Y para mi sorpresa, Orlando me contesta:

- "Ya sé, yo lo ví y me di cuenta. ¿Pero notaste como te lo quité de las manos y te hice correr por toda la casa detrás de él? ¡Eso es para que otra vez no me trasmitas lo que no es!"

Ya saben. Orlando no sólo fue capaz de ver el símbolo desde varios kilómetros de distancia, desde un extremo al otro de la ciudad, y distinguir que no era el símbolo correcto, sino que pudo arrebatarme el papel de las manos desde su casa. A este fenómeno se le conoce como "telekinesis", o sea el movimiento de objetos a distancia, sin tocarlos físicamente, utilizando tan sólo la energía mental para moverlos.

Otro curioso hecho es la misteriosa desaparición de los símbolos, para lo cual nunca encontramos una explicación satisfactoria.

Orlando pide no "ver" más

Una persona que desde su infancia tiene clarividencia y está destinado a ver constantemente las dimensiones más sutiles de materia que nos rodean, los planos astral o emocional y mental, obligado a percibir los estados de conciencia más elevados que algunos prefieren llamar "espirituales", tiene una vida mucho más difícil y complicada que el resto de nosotros. El dolor y las pasiones humanas, incluyendo los sentimientos bajos de envidia, celos y avaricia, son siempre evidentes para ellos. Termina por llegar un momento en que el clarividente se cansa de ver, en que desearía poder ignorar lo que le rodea, tener una vida más simple y normal, como el resto de la gente.

Exactamente esto mismo le sucedió a mi amigo Orlando.

Los domingos en la mañana teníamos una reunión íntima en nuestra Logia, donde nos sentábamos en círculo a meditar, estudiar y discutir sobre ocultismo y teosofía. En un momento dado, Orlando pudo ver que comenzó a visitar éstas reuniones nuestras una entidad muy especial, en un cuerpo astral que brillaba como el sol. El aura de esta entidad era enorme y parecía abarcar cientos de metros.

Orlando supuso que esta entidad tenía necesariamente que ser muy poderosa. Entonces se decide y le pide mentalmente a esta entidad que le quite la vista astral, que no quería tener ya más clarividencia. De inmediato Orlando dejó de "ver".

Encuentro con un misterioso ser

La Habana de aquellos entonces estaba llena por doquier de unos cafés o cafetines con paredes tapizadas de azulejos blancos que se dedicaban todo el tiempo a servir café con leche y el sabroso pan cubano con mantequilla. Todos los días, miles de habaneros desayunaban o merendaban en este tipo de cafetín. Nuestro amigo Orlando acostumbraba desayunar todos los días en uno de estos lugares que le quedaba muy cerca de su casa y su trabajo.

Orlando había pedido perder su clarividencia, su vista especial, un domingo. Al siguiente día, un lunes, mi amigo fue a desayunar al café donde siempre iba. Mientras desayunaba notó que alguien desconocido, un hombre sentado en otra mesa, lo miraba fijamente. Mi amigo terminó de desayunar y se fue, pero notó que se sentía extrañamente debilitado.

Día tras día, durante toda la semana este incidente se repitió y en cada oportunidad Orlando se sentía más y más débil. Mi amigo empezó a sospechar que algo raro estaba sucediendo. El desconocido le había picado la curiosidad, quería saber que se proponía.

El siguiente fin de semana, en nuestra próxima reunión dominical, Orlando le pidió a la entidad que nos visitaba—aunque no podía verla, suponía que estaba por allí—que le devolviera la vista. Tan sólo de desearlo Orlando recuperó su clarividencia, retomando su vista astral.

Al día siguiente, Orlando regresa a desayunar al mismo café de todos los días y se encuentra al misterioso desconocido, como había sucedido siempre durante toda la semana anterior, en otra mesa. Pero esta vez Orlando podía ver y para su sorpresa notó que este señor tenía un tercer ojo, grande, en medio de la frente.

El individuo se dió cuenta de inmediato que Orlando lo había descubierto, dejó su desayuno y se perdió corriendo apurado entre las calles, como ladrón descubierto en una fechoría.

Siempre nos hemos preguntado: ¿qué tipo de bicho sería este individuo? ¿De dónde salió? ¿Sería una especie de vampiro que robaba la vitalidad de ciertas gentes? ¿De qué manera pudo saber que Orlando perdería su visión astral precisamente ese día? ¿Cómo se enteró? ¿Qué significaba ese ojo grande en medio de la frente?

Sabemos que el chakra (1) frontal, ubicado precisamente en la frente, entre las cejas, es a veces representado simbólicamente como un tercer ojo y el desarrollo de los chakras, conduce al logro y perfeccionamiento de la clarividencia. Pero sobre este misterioso sujeto que al parecer chupaba la energía de mi amigo Orlando solo podemos hacer conjeturas.

(1) Chakra es una palabra en idioma sánscrito que significa literalmente rueda. Los chakras son centros de fuerza en el ser humano, por los cuales fluye la energía entre los diferentes planos de conciencia y entre los vehículos o cuerpos del hombre, desde los más

sutiles hasta el físico. Un clarividente puede ver los chakras funcionando en el cuerpo de una persona en forma de pequeñas ruedas o vórtices de colores que giran constantemente. Los chakras son siete, y se les ha llamado, según la posición que ocupan: básico, esplénico, umbilical, cardíaco, laríngeo, frontal y coronario, este último ubicado en el tope de la cabeza.

—VIII—

EXPERIMENTO EN UN OMNIBUS URBANO

"Controlando la voluntad de la gente en una 'guagua' abarrotada"

En aquellos años de finales de la década del 50, yo estaba terminando mis estudios de Contador Público en la Universidad de Santo Tomás de Villanueva, ubicada en las afueras de la ciudad de La Habana, al final del entonces distinguido barrio de Miramar, en la quinta avenida, después del "Club Náutico".

Aún no disponía de un auto y después de trabajar durante ocho horas como Auxiliar de Contabilidad y de comer en mi casa, debía tomar el ómnibus de la Ruta 32 para ir cuatro días de cada semana a la Universidad. Primero yo tomaba un ómnibus que me llevara de mi casa en la calle Infanta hacia "La Rampa" de la calle 23 del Vedado y allí es que podía entonces transferir para el ómnibus de la Ruta 32. El recorrido del ómnibus terminaba en el paradero de Miramar, y yo debía aún caminar varias cuadras más en la solitaria obscuridad de la noche para llegar a la Universidad.

El viaje en el ómnibus de la Ruta 32 era largo, tomando casi sesenta minutos de tiempo, y a esa hora de la noche, las "guaguas", de esa ruta, que éste era el nombre que tenían los ómnibus en Cuba, se llenaban de público, buena parte de las personas teniendo que permanecer de pié, haciendo todo el viaje parados, apretados unos contra otros, casi como "sardinas en lata". Aún no habían puesto límites en el número de paradas, los ómnibus tenían que detenerse al final de cada cuadra en que hubiera alguna persona extendiendo la mano para detenerlo. Todos estos detalles hacían que el viaje fuera más lento.

Yo ya llevaba algún tiempo en mis estudios y lecturas de teosofía y ocultismo. Y debido a que el viaje era siempre tan largo y aburrido, ese día en particular se me ocurrió llevar a cabo un experimento tonto, sólo para pasar el rato.

Estando parado dentro del abarrotado ómnibus, se me ocurrió ordenar mentalmente a la persona que se encontraba sentada en uno de los asientos que dan a las ventanas o ventanillas del ómnibus que se levantara y me cediera el asiento. Efectivamente, la persona se levantó y me lo cedió de inmediato.

Ya estaba cómodamente sentado y en un asiento con ventana, pero yo aún no estaba satisfecho con mi experimento. Entonces se me ocurrió, también para entretenerme y pasar el tiempo, ordenar mentalmente a la persona sentada a mi derecha, en el asiento contiguo al pasillo del ómnibus, que se levantara, porque yo prefería ocupar todo el asiento para mí sólo. A los pocos segundos esta persona, que era una mujer joven, bonita y agradable por cierto—aún la recuerdo—se levantó añadiéndose al numeroso grupo de gentes que hacían el viaje paradas porque no tenían donde sentarse.

Esto sorprendió a las personas que estaban haciendo el viaje de pié en el ómnibus y hubo entonces cierto movimiento para ocupar el asiento que la joven mujer había dejado vacío. Pero yo decidí continuar con mi juego y decidí prohibir mentalmente que alguien se sentara  en el asiento a mi lado. Dicho de otra manera, yo ordené mentalmente y con mucha energía a los que estaban de pié que no podían ocupar el asiento vacío. Algunos entonces se miraban entre sí, otros tomaban expresiones de desconcierto o contrariedad, pero ninguno se atrevió o se decidió a ocupar el asiento.

En cada parada se bajaban algunas personas y nuevos pasajeros se incorporaban al numeroso público que viajaba de pié, apretados unos contra otros. A cada nuevo grupo de pasajeros que llegaba yo le repetía la orden mental de que no podían ocupar el asiento vacío. Cierto que se miraban entre ellos extrañados, como no comprendiendo porqué nadie se decidía a sentarse en el lugar vacío. Pero nadie se sentó.

La "guagua" llegó a su paradero de Miramar y mi experimento fue un éxito total y rotundo. De alguna manera, yo pude establecer una barrera mental alrededor del asiento en cuestión que ninguna de las personas que llegaban al ómnibus se aventuró a cruzar. Nadie se atrevió a ocupar el asiento vacío. Decenas de diferentes personas se sometieron al mandato de mi mente durante sesenta minutos.

Nunca jamás en mi vida e intentado nuevamente un experimento semejante, ordenando a otros seres humanos a hacer mi voluntad.

Comprendo perfectamente que esto que yo concebí como un juego o entretenimiento fue un uso frívolo e irresponsable de cualquier facultad que yo pudiera haber tenido de nacimiento o que el estudio del ocultismo pueda haber quizás desarrollado en mí sin yo ni siquiera saberlo.

Es cierto, que como todo ser humano, al encontrarme en situaciones que no me convenían o que no eran de mi agrado, he deseado silenciosamente ciertos cambios, que al poco tiempo empezaban a tener lugar, como un rompecabezas que se estuviera armando solo. Nunca me he decidido a atribuir estos sucesos a que por alguna razón misteriosa mis deseos se vieran cumplidos, prefiero pensar que ese hubiera sido el curso natural de los acontecimientos, con o sin la participación de mis secretos deseos.

Por supuesto que no le recomiendo a nadie que imite mi comportamiento estúpido y egoísta en aquél ómnibus urbano, pero lo cierto es que esta experiencia me permitió comprobar el influjo que una mente puede tener sobre otras, inclusive sobre personas en este caso desconocidas, que cambiaban en cada parada del ómnibus.

Y me pregunto entonces sobre las influencias mentales que sufren las muchedumbres, millones de personas que son arrastradas hacia las guerras, hacia el odio, quizás hacia el consumo de productos innecesarios.

Y no dejo de preguntarme si estas influencias mentales, estas órdenes o instrucciones, son llevadas a cabo conscientemente, con conocimiento de causa y de método, sabiendo los practicantes lo que hacen y como hacerlo y comprobando en la práctica el éxito cotidiano de sus designios. ¿Será esto cierto?

—IX—

LA IGLESIA CATÓLICA LIBERAL

"Un manantial de gracia y bendiciones"

Relativamente, muy pocas personas en el mundo conocen que existe la Iglesia Católica Liberal. Fundada en Londres en 1916–1917 por James Ingal Wedgwood, esta Iglesia agrupó desde sus orígenes a un grupo de católicos que habían encontrado en la Sociedad Teosófica una explicación esotérica para muchos de los misterios del verdadero cristianismo, del cristianismo místico.

Tradicionalmente, la mayoría de los miembros, seguidores y simpatizantes de la Iglesia Católica Liberal en cualquier parte del mundo, han sido o continúan siendo al mismo tiempo miembros de la Sociedad Teosófica.

La Iglesia Católica Liberal no sigue las órdenes de Roma, pero mantiene la sucesión apostólica debido a que sus primeros sacerdotes y obispos fueron ordenados por obispos y sacerdotes que habían sido originalmente ordenados por la Iglesia Católica Romana. Los sacramentos y rituales son parecidos a los de la tradición romana, pero los miembros tienen libertad de pensamiento, no existen dogmas impuestos por la iglesia, ni existe la confesión y los sacerdotes pueden contraer matrimonio.

Con el correr de los siglos, la Iglesia Católica de Roma fue perdiendo el contenido místico y esotérico de las enseñanzas cristianas. Al mismo tiempo, los sacerdotes y obispos de la Iglesia basada en Roma dejaban de ser entrenados en el misticismo y se volvían cada vez más ignorantes del significado esotérico hasta de los propios rituales que llevaban a efecto día tras día. Solamente los Jesuitas conocían y practicaban este contenido místico y esotérico del cristianismo, pero inclusive esto también se ha ido perdiendo en los últimos siglos, bajo la tutela de los últimos Papas. La Iglesia Católica Liberal venía con la intención de devolver a la fe cristiana ese perdido contenido místico y esotérico.

Como miembro de la Sociedad Teosófica en Cuba, nosotros visitábamos ocasionalmente la Iglesia Católica Liberal de la barriada del

Cerro. Absolutamente todos los sacerdotes y obispos de esta Iglesia nos dieron siempre la impresión de ser personas que vivían en total santidad y dedicación a su vocación religiosa.

Recuerdo perfectamente que algunos domingos yo asistía a la misa y espontáneamente y sin pedir siquiera permiso me ponía a tocar el órgano, atrevimientos de la juventud, supongo. Un día viene el Obispo Mayola y me dice:

- "Veo que estás tocando en el tono de Do Mayor. Tu aura se vuelve toda roja cuando tocas en el tono de Do".

Cualquier teósofo sabe los colores (1) que producen las notas musicales, yo sabía que mi aura (2) estaba roja por tocar en Do. Y después se tornaba verde cuando tocaba en Fa Mayor, etc. La gran diferencia es que en ninguna Iglesia Católica Romana iba a venir el cura a decirme eso, en primera por que ignoran totalmente la realidad espiritual que los rodea, y en segunda porque carecen del entrenamiento para desarrollar la clarividencia.

Por lo menos dos de los miembros de nuestra Logia Teosófica decidieron ordenarse como sacerdotes de la Iglesia Católica Liberal en Cuba. Entre ellos nuestro amigo Roly, alguien a quien yo consideraba que vivía y se manifestaba siempre con la dulzura, la rectitud y la inocencia de los santos.

La ordenación de nuestro amigo Roly, fue todo un acontecimiento. La iglesia se llenó totalmente de los amigos, los familiares, los miembros de la Sociedad Teosófica, poseídos todos de gran entusiasmo. La energía que había en el lugar se podía cortar con un cuchillo. Todo parecía tener un brillo especial. Una alegría inexplicable nos movía.

Se lleva a cabo la misa y la ceremonia, nuestro amigo Roly recibe la ordenación y se dispone a dar la comunión. Todos nos acercamos a recibirla. No puedo hablar por los demás, sólo por mí, pero se que muchos sintieron lo mismo. Cuando me tocó recibir la comunión de manos de Roly una catarata de vibraciones me bañó desde lo alto. El baño de gracia celestial y bendiciones se sentía como una corriente de agua que no paraba. Solamente dos veces en el transcurso de mi vida he sentido este manantial infinito de energía, esta catarata de gracia y bendiciones que sentía venir de lo alto y que lavaba todo mi cuerpo, mi aura, mi espíritu. Esta fue la primera vez. La segunda vez se haría esperar algunos años.

(1) Los colores que producen en el aura los tonos o las notas musicales son los siguientes:

La nota Do produce el color rojo,
La nota Re el naranja,
La nota Mi produce el amarillo,
La nota Fa el verde,
La nota Sol el color azul.
La nota La el Índigo,
La nota Si produce en el aura el color violeta.

(2) A continuación una explicación sobre lo que es el aura.

Todos los objetos tienen no solamente un cuerpo físico, sino que también tienen una contrapartida o cuerpo de materia física más sutil, denominada como etérea, además de tener una contrapartida o cuerpo astral, mental o de los más sutiles planos espirituales.

Estos cuerpos o vehículos más sutiles tienen en el hombre común una forma oval y parecen rodear el contorno del cuerpo físico de la persona, cuando en realidad lo interpenetran. Esa parte de los cuerpos o vehículos más sutiles que sobresale el perfil del cuerpo humano, es la que se conoce como aura.

Por supuesto, todos los cuerpos o vehículos del hombre en los diferentes planos son realmente energía en movimiento, cambiando de apariencia y color constantemente según cambian los pensamientos y las emociones del individuo. De este modo, los colores, el brillo y la intensidad del aura muestran en cada individuo su salud, sus emociones, sus pensamientos y también el grado de su desarrollo espiritual.

Los ejercicios para comenzar a ver o percibir el aura de un objeto o de una persona empiezan por colocar al objeto, que puede ser una planta o un ser humano, sobre un fondo de color blanco o de color neutro y como a medio metro del mismo. Con iluminación discreta, natural o indirecta, se enfoca la vista hacia el fondo blanco detrás del sujeto y no se permite que el foco de la visión regrese al objeto cuya aura estamos tratando de observar.

La persistencia en la observación y el entrenamiento casi siempre dan frutos y permiten al observador empezar a notar los colores y el movimiento de las energías en el aura. Pasado un tiempo y con la práctica, es posible que el observador pueda distinguir el aura sin necesidad de ver al sujeto sobre un fondo blanco o de color neutro, como gris o beige claro.

Al igual que sucede con cualquier tipo de observación clarividente, el observador debe acallar su mente y pasivamente dedicarse a percibir. La analogía de compararse con un receptor de radio o de televisión que solamente puede recibir y nunca transmitir, puede aplicarse aquí. En general, la inmensa mayoría de los seres humanos, si ponen un verdadero interés en el asunto, deben ser capaces de observar el aura de los objetos y los seres.

—X—

CLARIVIDENCIA INCIPIENTE

"Las Formas de Pensamiento, elementales creados por los seres humanos"

Habiendo terminado mis estudios de Contador Público en la Universidad de Santo Tomás de Villanueva, mis primeros trabajos como profesional fueron como auditor y contador en una Empresa Consultora, labores que desempeñaba de noche, y durante las horas normales del día, mi empleo consistía en ser el contador de una empresa que fabricaba e importaba artículos y máquinas para las imprentas, la Casa Varela, S.A., ubicada a un lado de la Droguería Sarrá, en la parte vieja de la ciudad, la llamada "Habana Vieja".

El laborar durante tantas horas no era una situación forzada para mí. Los clientes y trabajos me venían ya sin yo tener que buscarlos. En parte debido a mi juventud y también quizás por mi forma de ser, tenía un sobrante de energía que me permitía ocuparme muchas horas sin sentir ningún cansancio.

Las oficinas de la Casa Varela, S.A., en las que tenía que pasarme muy tranquilo pero trabajando unas ocho horas de cada día en la contabilidad de la empresa, se habían añadido en la forma de un mezanine, un piso extra añadido al edificio que en su mayor parte estaba dedicado a fábrica, almacén y tienda de ventas y atención al público.

Debido seguramente a que el ambiente de la oficina era sosegado y en paz, al terminar cada sesión de la mañana o de la tarde yo me encontraba totalmente sedado y es muy probable que este detalle, unido al progreso en mis estudios de ocultismo, haya contribuido a despertar en mí una clarividencia incipiente.

Me empezó a suceder, día tras día, que al bajar las escaleras que descendían de las oficinas brillantemente iluminadas hacia la semipenumbra del almacén y la tienda de venta al público que ya estaba cerrando, las escaleras de madera se volvían casi totalmente transparentes, acertar con los pies los escalones se me hacía difícil. Las paredes y los mostradores de madera también parecían hacerse transparentes a mi vista y aún más, alrededor de los empleados de la tienda que terminaban de cuadrar sus registros de ventas del día, flotaban grandes bolas translúcidas, algunas bastante grandes, casi del tamaño de los empleados.

Estas figuras redondas como grandes pelotas, no tenían en su mayoría mucho color, la mayoría de ella siendo mayormente de un gris pálido y transparente. Recuerdo muy bien que parecían flotar y moverse lentamente alrededor de los empleados de la tienda que se encontraban detrás del mostrador, atravesando muebles y paredes en su caprichoso flotar.

Debido a mis conocimientos de ocultismo y teosofía de inmediato reconocí estas figuras redondas como lo que se acostumbra llamar "formas de pensamiento", creadas por las mentes de los empleados de la tienda y el almacén durante el día, en sus rutinarios quehaceres.

Me sorprendió ver el tamaño bastante grande de muchas de estas formas. De acuerdo a mis lecturas, no me parecía que debían haber sido tan grandes. Es posible que la acumulación de la energía de los pensamientos durante todo el día las haya agigantado, o quizás se tratara de formas de pensamiento que permanecen en el lugar día tras día, y continúan creciendo sin límite, alimentadas por los mismos pensamientos rutinarios de los empleados que desempeñan una labor repetitiva.

Estas "formas de pensamiento" son verdaderas creaciones humanas: el hombre les da vida con su energía mental y emocional y tienen una vida propia, una existencia separada que será tan extensa como la fuerza y potencia puestas en ellas por sus creadores. Debido a que son objetos que tiene una individualidad propia, aunque conectados a sus creadores, se les ha llamado también "elementales".

Es curioso, que este atisbo o principio de clarividencia tan sólo lo tenía en esas circunstancias, al salir de la oficina y pasar por la tienda y el almacén, que a esa hora ya estaban en penumbra. Una vez que salía fuera a la claridad del día y el ajetreo de la ciudad, la clarividencia desaparecía. Yo nunca he sido una persona clarividente de nacimiento, siendo para mí siempre más fácil oír que ver, aunque percibir pensamientos, actitudes y emociones, inclusive a enormes distancias, nunca ha sido un problema para mí.

En realidad, cualquier ser humano tiene la facultad de percibir los pensamientos, las actitudes y las emociones de personas que se encuentran distantes.

Observen que para la mayoría de nosotros casi siempre es totalmente evidente lo que realmente piensa y hace un gobernante de un país o una figura pública, aunque esa misma persona exprese oralmente todo lo contrario. El poder ver a la persona pública en televisión, por supuesto que ayuda en percibir lo que realmente está pensando. No puedo decir si lo que piensan las figuras públicas, como por ejemplo un Presidente de una nación, es evidente para todas las personas. En mi caso particular, la mente de estas personas públicas es un libro abierto para mí. Siempre me estoy percatando exactamente de lo que piensan. Espero que todos ustedes puedan hacerlo también.

Tenemos que enseñarnos a confiar cada vez más en este "sexto sentido", en nuestra íntima percepción de todo lo que sucede. Si nos proponemos usar esta natural capacidad de penetración en nuestras relaciones diarias con el mundo y los seres que lo habitan y comprobamos cada día y a cada momento el grado de exactitud de nuestras percepciones, esta facultad, que ya es innata en todos nosotros, se desarrollará extraordinariamente.

Las personas fanáticas de un líder o de una causa cualquiera, ciegan voluntariamente su facultad de percepción. Para realmente recibir los pensamientos y las actitudes de otras personas, aunque estas se encuentren a distancia, tenemos que aprender a acallar nuestra mente y nuestras emociones y dejar que la esencia de esa persona que queremos leer llegue hasta nosotros sin alteraciones.

Todos nos podemos convertir de esta manera en "psíquicos". Los invito a que hagan la prueba y podrán comprobar que es así.

—XI—

EN MI CASA DE ZANJA E INFANTA

"La explosión de los cristales"

Transcurría el año de 1960 en La Habana y la que ya era mi esposa y yo nos habíamos mudado para una casa que era en realidad un "Penthouse", digamos que un apartamento relativamente lujoso ubicado en el último piso de un edificio de ocho pisos dedicado a oficinas.

Resulta ser que este apartamento lo habíamos obtenido en una permuta, un cambio de un apartamento por otro realizado con una compañera de trabajo de mi Sra. La inquilina anterior de nuestro apartamento actual pudo mudarse para el apartamento que nosotros habíamos ocupado en el barrio habanero del Vedado y nosotros a la vez nos mudamos para este apartamento que ella había ocupado antes.

Cuando nos mudamos, encontramos en las paredes y los techos de este apartamento las huellas de balazos: huecos en las paredes, el techo y una de las puertas producidos por disparos de una pistola o un revólver. Al parecer la anterior inquilina, que era una mujer de cierta belleza y muy independiente, llevaba una tumultuosa vida amorosa que de seguro había provocado las iras, los celos y las amenazas de más de un amante despechado.

Ese día en particular se encontraba un grupo de amigos de visita en nuestra casa que se habían añadido a los familiares de mi esposa que ya se encontraban allí. Todo el mundo conversaba muy animadamente y se servían refrescos y refrigerios.

La sala y comedor de este apartamento consistían en una sola habitación muy grande, con ventanales que se abrían sobre la ciudad. Especialmente de noche, la vista de la ciudad era siempre muy agradable y el clima de Cuba no requería de aire acondicionado, menos aún en un Penthouse ubicado prácticamente en la azotea de un edificio de ocho pisos y rodeado de amplias ventanas que se extendían verticalmente del piso hasta el techo y horizontalmente casi de pared a pared.

Algunos de los visitantes conversaban dispersados por la sala, pero una gran parte del grupo hablaba ocupando los asientos alrededor de la mesa del comedor, que era redonda, de madera de caoba. En el centro de la mesa se encontraba un adorno de cristal sólido y muy grueso, consistente en una bandeja de cristal transparente pero azulado de unas 16 pulgadas de diámetro y una muñequita o pequeña diosa de cristal también azulado que se colocaba en el medio.

Este centro de mesa nos lo había regalado mi señora madre en ocasión de nuestra boda y repito, era de un cristal extraordinariamente grueso, fuerte y pesado, siendo en algunas partes de mas de dos pulgadas de espesor.

La conversación de los que estábamos sentados alrededor de la mesa giró casualmente sobre el tema de la anterior inquilina del apartamento. Con el tono cómplice de quien comparte un chisme, alguien comentó con malicia sobre la vida licenciosa de esta mujer, sobre las marcas dejadas por los disparos que recién habíamos podido reparar, otro añadió algún comentario jocoso al respecto. Cuando la conversación se tornaba más enfocada, picante y atrevida, en ese momento sonó una tremenda explosión.

Todo el mundo se quedó en silencio por largos minutos. Nadie se atrevía a hablar. Cuando recobraron el habla, los primeros que hablaron lo hicieron asustados y como en susurros.

El centro de mesa de cristal grueso había explotado en mil pequeñísimos pedazos como si hubiera recibido un furioso golpe de maza. El polvo del cristal azulado se había diseminado por toda la sala comedor. Extrañamente, ni la mesa de caoba ni la estatuilla de cristal del centro habían sufrido daños, tan sólo la pesadísima bandeja redonda de cristal se había hecho añicos.

Todas las personas presentes comprendieron de inmediato que alguna entidad que aún permanecía en la casa, pero que era protectora de la inquilina anterior, había roto en mil pedazos el centro de mesa de cristal en respuesta a los comentarios expresados alrededor de la mesa.

Pudiera tratarse de algún pariente previamente fallecido, pero también de otro tipo de entidad, un espíritu de la naturaleza, duendes o como se les quiera llamar que habitaba el lugar, que se erigió en defensor de la anterior inquilina y aún no había aceptado a los nuevos dueños.

Y por último, no se puede descartar la posibilidad de que fuera ella misma, la inquilina, la que a distancia recibió de alguna manera, ya fuera consciente o inconscientemente, los comentarios sobre su vida y mostró su indignación rompiendo el adorno de cristal.

Recuérdese que las personas comentando sobre la vida de ella estaban reunidas en círculo, ya que la mesa era redonda. Además, algunas de estas personas eran estudiantes de teosofía y ocultismo, que ya habían desarrollado bastante su energía psíquica. Es sabido que los seres humanos reunidos en círculo aumentan su energía psíquica de modo exponencial, lo que puede ser utilizado para propósitos benignos, de hacer curaciones o enviar bendiciones y pensamientos positivos, pero también puede ser usado negativamente.

En este caso se trataba de un grupo pasando un buen rato en una reunión familiar y de amigos, pero la conversación giró hacia el chisme y la murmuración sobre la vida de otra persona y el adorno de cristal pagó las consecuencias.

Está de más decir que en el futuro, jamás nadie se atrevió a mencionar a esta señora en nuestra casa. Nos aprendimos bien la lección.

—XII—

VIAJES EN CUERPO ASTRAL POR MI CASA

"Moviéndome al revés y porqué"

En la Sociedad Teosófica se nos había sugerido que antes de acostarnos a dormir todos los días por la noche, nos propusiéramos vernos todos los integrantes de la Logia en el plano astral, imaginando nuestra reunión en un claro del bosque, bajo la luna, sentándonos en los troncos cortados de los árboles a modo de bancos o asientos, para una vez allí continuar nuestros estudios de ocultismo y teosofía o sencillamente compartir,

Es posible que esta sugerencia, unida al hecho de que ya habíamos pasado algún tiempo profundizando en nuestros estudios y teníamos una mejor compresión de las realidades esotéricas, haya contribuido a lo que voy a describir a continuación. Pero lo cierto es que esto siempre me sucedió espontáneamente y las primeras veces me tomó totalmente por sorpresa.

Recuerdo con toda claridad la primera vez. Era pleno día y me encontraba en la casa que mi señora y yo compartíamos con los padres de ella en la Calle Concordia de La Habana. Esta era también una casa larga, que ocupaba la mitad derecha de la planta baja de un edificio de tres pisos, el patio central ubicado en los bajos y dividido al medio por un alto muro de cemento y ladrillos que nos separaba de los vecinos.

La sala de la casa daba a la calle Concordia, después venían las habitaciones, alineadas en hilera, los baños y al final de todo, el comedor y la cocina. La casa se extendía hacia atrás y era muy larga.

Siendo como les decía pleno día, yo no tenía sueño ni intenciones de acostarme a dormir. Solamente me siento en la cama y de repente una vibración muy fuerte comenzó a sacudir todo mi cuerpo, como si fuera una corriente eléctrica de alto voltaje. Mi reacción fue terminar de acostarme lanzándome sobre la cama y sobre la almohada, agarrándome a la cama, como para no caerme.

Inmediatamente, me veo flotando en la habitación, fuera de mi cuerpo físico. No me parece que tenía una conciencia integral, como cuando una persona se encuentra totalmente despierta y en estado de vigilia, pero si estaba al tanto de que había otras personas en la casa y oía los ruidos de la cocina y la gente conversando. Podía ver el contenido de las habitaciones y las paredes no eran un obstáculo. Recuerdo que flotaba a una altura ligeramente mayor que cuando caminaba en el cuerpo físico. Aunque lo anormal de la situación me había sorprendido y asustado, me daba perfecta cuenta de que mi conciencia se había separado del cuerpo físico y flotaba ahora en cuerpo astral por la habitación.

Traté entonces de moverme en dirección a la cocina, hacia el final de la casa, y para mi sorpresa y desconcierto, cada vez que trataba de moverme hacia delante, regresaba hacia detrás, y viceversa.

Mi inhabilidad para controlar mis movimientos a lo largo de la casa en mi cuerpo astral me frustraba y me desconcertaba, por lo que terminaba regresando a mi cuerpo físico, donde hacía entonces por "despertarme" y sentarme en la cama, lo que conseguía con algún esfuerzo.

Estas circunstancias de vibraciones fuertes con la consiguiente separación del cuerpo astral del físico, se siguieron repitiendo durante años cada vez que me acostaba o me sentaba en una cama. Es posible que estas vibraciones sean una indicación del despertar de Kundalini. En muchas ocasiones, la vibración me empezaba a sacudir cuando estaba aún de pié al lado de la cama, sin haberme acostado todavía. En varias de estas oportunidades yo podía percibir que había una persona esperándome en cuerpo astral, la cual estaba algo impaciente por llevarme consigo a alguna parte y que no quería demorarse más. Algunas veces me parecía ver que esta persona que me esperaba usaba un turbante blanco y que me estaba sugiriendo mentalmente que me acostara.

Varias veces yo pude darme cuenta de que la vibración que terminaba separando mi cuerpo astral de mi cuerpo físico era provocada o agudizada por esta persona o entidad que me estaba esperando, no sé si para llevar a cabo algún tipo de trabajo en el plano astral, para recibir instrucción o por cualquier otro motivo.

Ahora paso a explicarles el porqué yo no podía controlar mis movimientos cuando me encontraba flotando en mi cuerpo astral.

Cuando el cuerpo astral de una persona humana se separa de su cuerpo físico, el astral queda unido al físico por lo que los ocultistas conocen como el "cordón o hilo de plata", (1) que parece salir de la nuca del cuerpo astral y conectarse con el físico a la altura de la garganta. Si el cuerpo astral está separado del físico pero relativamente cerca, como en mis primeras experiencias, el "cordón de plata" es de tamaño bastante grueso, teniendo el aspecto de un brillante y flexible tubo de tres a cuatro centímetros de diámetro y tiende a tirar del cuerpo astral, hacia el físico, con bastante fuerza.

Cuando, habiéndose efectuado la separación del cuerpo astral, el cuerpo físico de la persona se encuentra colocado boca abajo, acostado digamos sobre el estómago, el movimiento en el cuerpo astral será al revés. Es decir, si se quiere ir hacia delante, el resultado es ir hacia atrás y viceversa. El natural desconcierto que esta situación provoca en el individuo termina haciéndolo regresar al cuerpo físico bajo la fuerte acción del cordón.

En cambio, si el cuerpo físico se encuentra acostado boca arriba, sobre la espalda, cuando la separación del cuerpo astral se produce, el movimiento es normal. Si queremos ir hacia delante, en esa dirección precisamente iremos. Este condicionamiento del movimiento aquí descrito sucede solamente cuando nuestro cuerpo astral se encuentra cerca del cuerpo físico y el "cordón de plata" es relativamente grueso y ejerce su mayor influencia.

En el plano astral o de las emociones, las distancias y el tiempo no son iguales que en el mundo físico. Solamente basta pensar en un lugar y ya estamos allí, basta pensar en una persona y ya nuestra conciencia está a su lado. El tiempo tampoco transcurre de la misma manera.

En los casos en que el cuerpo astral de una persona que está viva en el plano físico se separa y va a grandes distancias, el llamado "cordón o hilo de plata" se mantiene y continúa uniendo y comunicando al cuerpo astral con el cuerpo físico, aunque se torna extremadamente delgado, más fino que un hilo de seda, casi invisible, pero aún esta ahí.

Con la distancia, ya el "hilo de plata" pierde gran parte de su influencia sobre el movimiento del cuerpo astral. Ya no fuerza al cuerpo astral a moverse de cierta manera o a que regrese automáticamente a unirse con el cuerpo físico, como sucede cuando ambos vehículos, el astral y el físico se encuentran separados, pero cerca el uno del otro. En realidad, el "cordón de plata" pierde la mayor parte de la fuerza de su acción en cuanto el vehículo astral se aleja a más de tres o cuatro metros del cuerpo físico. Esta distancia puede ser diferente en distintos individuos.

Los observadores clarividentes han podido detectar vibraciones en el "cordón de plata" que se relacionan con el ritmo cardíaco y la respiración del cuerpo físico del individuo.

No es nada conveniente despertar bruscamente a una persona que ha separado su cuerpo astral del físico, y esta circunstancia debe ser evitada; pero si esto sucede, el regreso del cuerpo astral al físico se produce de inmediato.

La inmensa mayoría de los seres humanos, al acostarse a dormir de noche, logra una muy pequeña separación del cuerpo astral, que es imprescindible para que los cuerpos o vehículos del hombre en los diferentes planos se recarguen de energía y el individuo pueda levantarse al otro día energizado y descansado. Pero en la mayor parte de los casos, el cuerpo astral se queda flotando a unas pocas pulgadas por encima del físico, horizontalmente, sin trasladarse a ninguna otra parte.

Las personas que se encuentran enfermas o debilitadas por el hambre o el ayuno, que han perdido vitalidad en el uso de su cuerpo físico, en casi todos los casos podrán separar su cuerpo astral del físico con mayor facilidad y en algunos casos retener alguna memoria o conciencia de lo sucedido. En estos casos es frecuente que se produzcan separaciones involuntarias del cuerpo astral que la persona en cuestión no sepa como interpretar, a no ser que tenga conocimientos sobre el tema.

Los recuerdos de las actividades en el plano astral pasan al mundo físico por el filtro del cerebro, de nuestros prejuicios y experiencias, llegando a nuestra memoria a veces con un simbolismo parecido al de los sueños. Una memoria de haber volado o haberse movido por las aguas es símbolo de haber viajado por los planos mental y/o astral. En otros casos, sin embargo, el recuerdo de lo ocurrido es totalmente lúcido e inequívoco.

Solamente las personas que han avanzado en el estudio y la práctica del ocultismo y por supuesto los discípulos de los maestros de sabiduría o adeptos y los seres más avanzados en su camino espiritual, usan rutinariamente el cuerpo astral de día o de noche, según lo requieran, para determinadas tareas, para ayudar a otros seres, para trabajar en su propio progreso espiritual o también para recibir instrucción. Sin embargo, tenemos la firme convicción de que cualquier persona que a la hora de acostarse a dormir lo haga con el pensamiento fijo y la determinación de encontrarse con un ser querido lo va a lograr, y lo logrará también si se acuesta con la idea de hacer algún trabajo útil al servicio de los demás o una tarea determinada en esa dimensión.

No es necesario que estemos dormidos para proyectar el cuerpo astral hacia otro lugar u otra persona. Especialmente si existe una conexión emocional y afectiva entre dos seres, la proyección astral buscando el ser amado y el intercambio de elementales de amor y afecto son relativamente fáciles y suceden corrientemente.

Muy diferente es la proyección deliberada del vehículo astral, manteniendo una conciencia alerta y un dominio de lo que estamos haciendo. Estando acostados sobre la espalda, tranquilos y sosegados, con los ojos suavemente cerrados, el ejercicio de la voluntad y la práctica puede lograr el desprendimiento del cuerpo astral del individuo sin perder conciencia de lo que estamos haciendo. Se de personas que han logrado esto empleando "trucos", como acostarse sedientos y tener un vaso de agua en la cocina esperando por ellos. De esta forma tratan de forzar al vehículo astral a moverse a un lugar determinado y así comienzan a progresar en este tipo de experimento.

La separación del cuerpo astral del físico es un fenómeno realmente al alcance de todos. Cualquier persona que se proponga estudiar este fenómeno pacientemente puede llevarlo a la práctica de diferentes maneras. Les sugiero que también traten ustedes de hacerlo y comprobarán que es posible.

(1) El llamado "cordón de plata" que mantiene unido al cuerpo astral y el resto de los vehículos mas sutiles o espirituales del hombre al cuerpo físico es también mencionado en la Biblia.

En Eclesiastés 12:6 leemos lo siguiente: *"Acuérdate de él antes de que se rompa el cordón de plata y se destroce el tazón de oro, antes que el cántaro se quiebre junto al manantial y la rueda se rompa sobre el pozo. Es que el polvo vuelve a la tierra como era y el espíritu vuelve a Dios, quien lo dio."*

El tazón de oro, el cántaro, la rueda son expresiones simbólicas refiriéndose al cuerpo físico que se destruye o se corrompe cuando el hombre muere.

Efectivamente, la rotura del cordón de plata desconecta los vehículos más sutiles que le dan vida y energía al cuerpo físico del hombre, apaga el "soplo de vida" y provoca de inmediato, su muerte.

—XIII—

ENFERMO DE GRAVEDAD EN EL HOSPITAL

"Curación con ayuda sobrenatural"

Me encontraba simplemente jugando béisbol con mi hijo de 7 años en el Parque Trillo de La Habana, y al lanzarle una pelota para que bateara, un súbito y agudo dolor me paralizó el brazo y el lado derecho del cuerpo.

De inmediato regresamos a la casa y la primera recomendación de mis familiares fue naturalmente que me acostara a descansar. Debido a que el dolor no cesaba, sino que se hacía aún más fuerte por momentos, provocándome ya dificultes para respirar, se decidió que fuéramos al hospital. Andando fuimos al Hospital de Emergencias, donde un interno del cuerpo de guardia me examinó y me recetó un calmante.

Las tabletas no hicieron ninguna diferencia, pero tuve la suerte de ver en el momento de llegar de su trabajo al médico que vivía en la casa que estaba casi enfrente de la nuestra. Tan sólo de describirle los síntomas él se percató de mi problema, pero tuvo el buen humor de dejar que yo mismo me diagnosticara.

Este afable doctor me puso a mí el estetoscopio en los oídos, colocó el micrófono del mismo sobre el pulmón izquierdo y me preguntó:

– ¿qué oyes?

Yo le contesté:

– Oigo el ruido de mi respiración, aspirando y expirando el aire.

Entonces mi amable vecino colocó el micrófono del estetoscopio sobre le pulmón derecho y me pregunto:

– Y ahora, ¿qué oyes?

Y yo, por más que trataba de agudizar el oído, tuve que contestar:

– Ahora no oigo nada, doctor.

Mi vecino doctor sonrió, abrió las manos expresivamente y me dice:

– Tu pulmón derecho no funciona. Tienes un neumotórax.

Yo no soy médico, y no habiendo padecido de esto con anterioridad, no sabía de qué se trataba. Después pude informarme de que el denominado neumotórax se produce cuando el espacio entre la pleura, que es la membrana que rodea el pulmón y el pulmón mismo, se llena de aire, comprimiendo por consiguiente el pulmón y reduciendo la capacidad respiratoria del mismo, a veces hasta casi cero.

El aire entra por donde no debe entrar y se supone que debe haber habido una rotura, como un ponche, en una bulla de aire en el pulmón. En mi caso, como que por mucho tiempo había padecido de asma, el neumotórax puede no ser considerado espontáneo, sino secundario o como una consecuencia de mi enfermedad respiratoria.

El diagnóstico de este segundo médico me llevó a regresar al Hospital de Emergencias, de donde fui enviado con urgencia en una ambulancia, ya avanzada la noche, hacia el Hospital Calixto García, ubicado en la colina universitaria, donde fui operado de emergencia durante la madrugada.

La operación mayormente consistió en insertar una manguera de goma en la pleura, a través de las costillas, todo esto hecho delante de mis ojos, con una mera anestesia local, para comenzar a extraer el aire del lugar donde no debería de estar. Recuerdo muy bien que la joven cirujana me regañaba por tener mis costillas, las cuales yo podía ver, demasiado juntas y la manguera de goma no pasaba entre las mismas. Para separar las costillas usaron dos palancas largas de acero. El tirón supongo que me provocó un dolor tan fuerte que perdí la conciencia. Cuando la recobré la cirujana y sus asistentes me estaban cosiendo y me daban a oler alcohol muy asustados.

Después de la operación se me trasladó a la sala de cuidados intensivos del hospital, donde quedé atado por una manguera de goma roja las 24 horas de cada día y durante más de tres semanas a una bomba extractora de aire que estaba supuesta a sacar constantemente el aire del espacio entre la pleura y el pulmón, para permitirme respirar, a la espera de que la lesión sanara.

La sala de cuidados intensivos del hospital de una ciudad es un lugar de tránsito por el cual pasan a diario pacientes recién operados de cirugía y víctimas de accidentes y enfermedades graves, muchas de ellas en su fase terminal. Todos los días morían pacientes y en ocasiones los llorosos familiares venían a preguntarme si el fallecido había dicho algo antes de morir.

El ambiente no podía ser peor, ya que de unos ocho a diez pacientes compartíamos una larga sala, descansar era casi imposible y uno se enteraba de todo lo que le estaba sucediendo a cada enfermo. Después de pasadas dos o tres semanas y habiendo visto morirse delante de mí a tanta gente, me empezó a dar la impresión de que ya nunca saldría vivo de esta sala de cuidados intensivos. En una de sus visitas, le encargué a mi amigo Ramón Vallejo que se ocupara de mi familia y de mis hijos y me despedí de él lo mejor que pude.

Esa noche me acordé de la imagen de la Virgen del Carmen que se encuentra al tope de la torre de la Iglesia del Carmen en la calle Infanta, en La Habana y decidí rezar un Ave María. Extrañamente, las palabras no las tuve que pronunciar yo. El Ave María, palabra por palabra y muy despacio, venía de arriba acompañado de una especie de catarata, un flujo de gracia o bendiciones que venía de lo alto y bañaba todo mi cuerpo y que se sentía como una poderosa corriente de agua.

Yo había trabajado durante muchos años como Contador Público en empresas del Ministerio de Salud Pública e inclusive en las oficinas del propio Ministerio. Los amigos y compañeros de trabajo que venían a verme al hospital, se interesaron e hicieron que varios médicos cirujanos o especialistas que eran a la vez amigos o conocidos de ellos vinieran a verme. Todo un desfile de galenos pidió ver mis placas radiográficas o mandó a hacer otras nuevas, me llevaban y me traían del laboratorio de Rayos X con frecuencia. Curiosamente, pude comprobar que cada médico sacaba diferentes conclusiones de la lectura de mis radiografías del pulmón, pero en general, el dictamen era que el pulmón no se recuperaba, se mantenía colapsado, sin capacidad alguna para respirar, y estaba creando un enfisema considerable.

Por fin, y gracias a las gestiones de mi señora y después de tres semanas ingresado en el hospital, me vino a ver el Jefe de Cirugía del Hospital Calixto García, el Dr. García Gutiérrez. Este eminente cirujano fue el único médico que no pidió ver mis placas radiográficas. Este detalle me pareció muy interesante. En lugar de mirar las radiografías, el Dr. García Gutiérrez se paró a mi lado y se puso a mirar detenidamente mi pecho, mis pulmones, el interior de mi cuerpo, tal y como si su vista atravesara la piel y me estuviera viendo por dentro. Es decir, yo podía ver que el enfoque de sus ojos era hacia dentro de mi cuerpo, no hacia el exterior del mismo.

Seguidamente, este doctor puso sus manos suavemente sobre mi pecho durante algunos segundos. Entonces me dijo mirándome a los ojos:

– Ya vas a estar bien, tú verás.

Enseguida llamó a la jefa de enfermeras y le dijo:

– Pueden desconectarle la manguera y la bomba neumática. Sáquenlo de inmediato de la sala de cuidados intensivos y trasládenlo a una sala normal para que se recupere por un par de días y entonces le daremos de alta.

Efectivamente, dos o tres días después fui enviado a mi casa con la orden de mantenerme en reposo y tratar de ganar algún peso, porque estaba muy delgado, para evitar la repetición del neumotórax. Pasado un tiempo, subsiguientes exámenes médicos determinaron que me había recuperado.

En mi curación intervinieron dos factores que pueden catalogarse como paranormales o sobrenaturales. Uno fue la oración del Ave María, que era rezado externamente, las palabras bajando de lo alto acompañadas de un flujo constante de gracia y bendiciones que se sentía como una fuerte corriente líquida que se derramaba sobre mi persona. El otro fue la extraña visita del Jefe de Cirugía, que procedió a curarme violando el protocolo médico que todos los demás galenos habían seguido celosamente.

Tenemos la opinión muy firme de que todas las personas que regresan de un hospital o de cualquier otra situación en que la muerte haya estado rondando y ellos han sobrevivido, si se les preguntara, nos contarían de alguna experiencia sobrenatural que los ayudó en su curación. Los que no pasaron por ese momento terrible pueden desdeñar nuestras conclusiones, pero nosotros tenemos la certeza de que lo que vivimos fue cierto.

—XIV—

PEREGRINACIÓN AL "RINCÓN"

"Santa Bárbara se interesa por nuestro caso"

Según las estadísticas y los datos que se publican por doquier, la religión de los cubanos es el catolicismo. Efectivamente, por tradición la inmensa mayoría de los cubanos reciben el bautismo en una iglesia católica y se proclaman devotos de la Virgen de la Caridad del Cobre y otros miembros del santoral de la Iglesia Romana, como Santa Bárbara y San Lázaro.

Pero esto es sólo verdad en la fachada. Si rascamos ligeramente la superficie descubrimos que la religión absolutamente popular en Cuba es la santería.

Desde 1492, cuando las naves de Cristóbal Colón tocaron tierra en Cuba y continuando en los siglos subsiguientes, los colonizadores españoles trajeron consigo la religión católica. La población indígena de la Isla de Cuba que se estimaba en unos 300,000 habitantes a la llegada de Colón, fue mayormente exterminada en el proceso de la conquista y la colonización, el resto de ésta asimilada con el mestizaje. Los cultos de los nativos de la isla se disolvieron en el olvido.

No disponiendo de los aborígenes en número suficiente para los rudos trabajos del campo, la creciente demanda de azúcar y otros productos en el comercio mundial fue resuelta con la incorporación de esclavos a las labores de agricultura y producción. El comercio de negros esclavos procedentes del continente africano a través del océano Atlántico, iniciado por los portugueses alrededor de 1550, fue ganando fuerza y ya para comienzos del siglo XVIII (sobre el año 1700) más de 25,000 esclavos por año eran traídos a las costas de las islas del mar Caribe y del resto del continente americano.

Con los esclavos vino su religión, la religión Yoruba, originaria mayormente de los alrededores del río Níger, al oeste de África. Tanto los Yorubas como su religión fueron conocidos después como Lucumí, debido a que se saludaban a diario con las palabras "oluku mi", que quiere decir "amigo mío".

En una sociedad dominada por la fe de los intransigentes curas católicos, la práctica de la religión africana no iba a ser permitida. Los

Yorubas resolvieron el problema identificando sus "Orishas", dioses o potencias, con determinados santos del catolicismo (1), que para ellos tenían historias y atributos similares.

Santa Bárbara y Shangó

El culto a Santa Bárbara siempre ha sido especialmente popular en Cuba, celebrándose fiestas dedicadas a la santa el 4 de diciembre de cada año, en el que se le ofrecen manzanas y vino tinto. El color de la santa es el rojo, y el Orisha correspondiente de la religión Yoruba es Shangó, un dios guerrero. En las imágenes de Santa Bárbara es muy común ver una espada en la mano de la santa.

La Iglesia Católica ha aceptado hipócritamente el culto a Santa Bárbara lo mismo en Cuba que en otros muchos países, a pesar de considerarla una figura legendaria que probablemente nunca existió como persona, para aprovecharse de la devoción popular y conseguir de este modo una mayor asistencia a sus iglesias, una base mayor de correligionarios y un aumento en las donaciones recibidas.

Visto de otro modo, en el caso de Cuba y la devoción popular a los santos, la Iglesia debe haber tenido las esperanzas de reemplazar lo que ellos veían como superstición por el dogma eclesiástico, pero en la realidad, la santería se arraigó profunda y definitivamente en el alma y la cultura de los cubanos, mientras que las enseñanzas ortodoxas de la Iglesia eran mayormente ignoradas por la mayoría de la población. Este fenómeno no fue particular de la Isla de Cuba, sino que se repitió en otras islas del mar Caribe y en Brasil, donde la importación de esclavos desde el continente africano fue considerable.

El Santuario de San Lázaro en el pueblo de El Rincón, Habana, Cuba.

San Lázaro y Babalú Ayé

El culto a San Lázaro hace que miles de personas viajen el 17 de Diciembre de cada año desde todos los rincones de la isla al pequeño pueblo del Rincón, situado a 35 kilómetros al sur de La Habana para visitar al santo, hacerle peticiones y traerle ofrendas al santuario que allí existe. Como pudimos comprobar, numerosos visitantes acuden igualmente todos los días del año y muchas veces el solo hecho de acudir al santuario desde lejos es considerado como pago válido de una promesa al santo.

También en este caso la Iglesia Católica hace gala de su doblez. El culto popular de San Lázaro es enfocado en un pobre leproso semidesnudo que usa muletas para ayudarse a caminar y está rodeado de perros callejeros. Esta figura está tomada de la parábola sobre el rico Epulón utilizada por Jesús en los evangelios para reforzar su doctrina de que los ricos nunca podrían entrar al reino de los cielos. Esto quiere decir que el culto popular se basa en una figura ficticia, creada literariamente en una parábola.

Los dogmas y reglamentaciones del culto en la Iglesia Católica Romana sólo permiten la veneración de los santos que hayan sido canonizados como tales por la Iglesia. De ningún modo una figura de ficción, utilizada solamente para ilustrar una parábola puede ser objeto de veneración y culto. Sin embargo, la Iglesia mantiene imágenes del leproso con sus perros dentro del santuario, aunque en el altar mayor ha colocado un icono del supuesto primer obispo de Marsella, Lázaro de Betania (2). Esto le permite a la iglesia aprovechar el inmenso flujo de personas para sus fines, aunque absolutamente nadie viene a ver al impuesto obispo, de vestiduras opulentas, sino al pobre leproso semidesnudo.

Los Yorubas enseguida identificaron al leproso del cuento con sus perros como Babalú Ayé, uno de sus Orishas que tiene una historia compatible.

La Virgen de la Caridad del Cobre Ochún y Atabex

Más antiguo es el sincretismo entre Atabex, la diosa de las aguas y la fecundidad de los Taínos, que habitaban la isla de Cuba antes de la llegada de Cristóbal Colón y la Virgen de la Caridad.

El culto a la Virgen de la Caridad históricamente comienza con el misterioso encuentro en el año de 1612 de una imagen de esta virgen en la Bahía de Nipe, ubicada en la costa norte de la provincia de Oriente en Cuba. En 1687 el negro Juan Moreno, teniendo entonces unos 85 años, hizo la siguiente declaración de los sucesos de 1612, cuando él tenía solamente 9 años:

"Habiendo ranchado en Cayo Francés, que está en el medio de la Bahía de Nipe, para con buen tiempo ir a la salina, estando una mañana el mar en calma, salieron de dicho Cayo Francés, antes de salir el sol, los dichos Juan y Rodrigo de Hoyos (indios monteros) y este declarante, embarcados en una canoa para dicha salina y

apartados de dicho Cayo Francés vieron una cosa blanca sobre la espuma del agua que no distinguieron lo que podría ser y acercándose más les pareció un pájaro y ramas secas. Dijeron dichos indios 'parece una niña' y en estos discursos, llegados, reconocieron y vieron la imagen de Nuestra Señora de la Virgen santísima con un niño Jesús en los brazos sobre una tablita pequeña y en dicha tablita unas letras grandes las cuales leyó dicho Rodrigo de Hoyos y decían 'Yo soy la Virgen de la Caridad' y siendo sus vestiduras de ropaje, se admiraron de que no estaban mojadas. Y en esto, llenos de alegría, cogieron solo tres tercios de sal y se vinieron para el Hato de Barajagua."

Esta imagen de la Virgen de la Caridad de Cuba está de pié sobre una media luna con los cuernos colocados hacia abajo. La virgen tiene al niño cargado en el brazo izquierdo mientras que en la mano derecha sostiene una cruz. Estos detalles hacen a la Virgen de la Caridad de Cuba única y diferente de las imágenes de la virgen veneradas en España y otros países en esa época y sume en un misterio total el

origen de la imagen, que fue tiempo después colocada en un santuario ubicado cerca de los yacimientos y minas de cobre y el poblado del mismo nombre en la Provincia de Oriente en Cuba. Desde entonces se la conoce como "Virgen de la Caridad del Cobre".

Los indios cubanos que habiendo sobrevivido los crueles primeros años de la conquista y colonización se habían incorporado a compartir la vida de los colonos en la isla, inmediatamente identificaron a la virgen con Atabex, para ellos la diosa de las aguas y la fecundidad, a la que pedían ayuda las indias en el momento de parir colocando su imagen sobre el vientre. Por su parte, los negros de la religión Yoruba, equipararon a su Orisha Ochún, que tiene una historia similar, con la Virgen de la Caridad.

Este sincretismo, dio lugar a la santería, una forma moderna de paganismo más naturalmente apegada a la cultura popular que los fríos y distantes dogmas eclesiásticos.

Y ahora pasamos a nuestro caso.

Fidel Castro había consolidado su régimen totalitario y tiránico al principio de la década de los años 60, atrincherado tras un ejército desmesurado y una policía política. El nivel de vida de la población y la economía en general de toda la nación se fueron en picada. Los artículos más esenciales para la vida primero empezaron a escasear, después desaparecieron completamente. Los opositores eran sistemáticamente fusilados o encarcelados por decenas de años. La situación de los habitantes del país se hizo desesperada. Enseguida quedó claro para todos que bajo el totalitarismo unipersonal y de pretensiones hereditarias de este bandido la vida sería imposible. La inmensa mayoría de la población de Cuba empezó a tener un suelo sueño y un solo ideal: poder irse del país, emigrar de Cuba buscando la libertad y una vida mejor, lejos de los caprichosos designios del obcecado dictador.

En mi caso particular, siendo mi madre ciudadana norteamericana, yo tenía visa y residencia aprobada en los Estados Unidos desde 1965 para mí y para mi familia. Pero al ser profesional, Contador Público, y el gobierno totalitario convertirse en el único empleador, todas las posiciones de trabajo que había desempeñado eran de cierta responsabilidad y la salida del país, solicitada repetidas veces durante 15 años, siempre nos fue denegada por los déspotas funcionarios del gobierno tiránico de Cuba.

Tanto mi señora esposa como yo fuimos perseguidos y expulsados de nuestros trabajos por nuestras ideas y después de pasados los ya mencionados 15 años haciendo gestiones para salir del país, la bota del tirano aún pisaba nuestras cabezas. Mi hijo mayor estaba próximo a cumplir los 14 años de edad y se acercaba la hora en que los requerimientos del servicio militar impedirían su emigración, comenzando a los 15 años, hasta pasados los

30. La situación de nuestra familia se hacía cada vez mas desesperada.

A principios de 1980 una vecina y amiga de mi señora, que era médium y espiritista, nos sugirió que visitáramos el santuario de San Lázaro, para pedir por la solución de nuestra salida de Cuba. En nuestra situación, teníamos que apelar a cualquier recurso que nos pudiera brindar una esperanza. Una madrugada salimos para hacer el recorrido a pié, caminando desde nuestra casa en el centro de La Habana hasta el pueblo del Rincón, una travesía de unos 35 kilómetros. En el viaje íbamos mi esposa, mi hijo varón de 13 años y yo.

Al fin del agotador y doloroso viaje, llegamos al pueblo del Rincón un poco antes del mediodía. El santuario se encontraba totalmente lleno, para nuestra sorpresa, ya que no se trataba de ninguna fecha especial. No nos fue posible entrar por la puerta principal, pero forzamos nuestra entrada a empujones por una entrada lateral izquierda.

Por esa entrada lateral se encontraba precisamente una imagen de la Santa Bárbara. Delante de la imagen los creyentes se aglomeraban en un grupo muy compacto empujándose unos a otros y se nos hacía casi imposible avanzar.

Entonces ocurrió un milagro.

La imagen de la Santa se inclinó ligeramente hacia delante, giró la cabeza hacia nosotros y nos miró fijamente a los ojos. Fue una mirada de amor y compasión, pero al mismo tiempo llena de fuerza y determinación, con la que nos decía: *"se que han venido a verme, se lo que necesitan, pueden estar tranquilos que se los voy a conceder".*

Después de pasar un rato en el santuario y lograr visitar también las imágenes de la Virgen de la Caridad del Cobre y de San Lázaro que allí se encontraban, salimos afuera y nos contamos unos a otros lo acontecido. Tanto mi señora como mi hijo vieron a la Santa girar la cabeza hacia nosotros, además de verla yo también. Los tres fuimos testigos de éste milagro. Evidentemente, las demás personas presentes no vieron lo mismo, lo que sucedió estaba dirigido directamente a nosotros y nada más,

Menos de dos meses después nos llegó la aprobación de nuestra salida por el gobierno cubano, que adelantamos aún más cuando se presentó la oportunidad del éxodo masivo a través del puerto del Mariel, pudiendo llegar con mi familia a las costas de Cayo Hueso en la Florida el 26 de Abril de 1980.

Las enseñanzas ocultistas y teosóficas nos dicen que en la gran mayoría de los casos, las apariciones de entidades como la Virgen de Lourdes, la de Guadalupe o la de Fátima, al igual que el culto a la imagen de un santo, son situaciones creadas por espíritus de la naturaleza, del reino de las hadas y los ángeles. Según esta teoría, María la madre de Jesús no tiene que animar precisamente cada aparición. En cambio, un espíritu de la naturaleza toma el lugar del santo o de la virgen, encontrando placer en recibir la adoración, la adulación y las ofrendas de los humanos, a lo que corresponde concediendo favores como curaciones y adivinación. Esta misma comunicación con duendes o espíritus de la naturaleza que leyendo los pensamientos de los presentes se hacen pasar por familiares fallecidos o ahora que se ha puesto esto de moda, por "extraterrestres", es la que se repite en la mayoría de las sesiones espiritistas o de "channeling".

Recuérdese que el plano natural de estas entidades es el plano astral y eso los capacita a leer nuestros pensamientos, manipular los elementales de energía, moverse con suma facilidad e inclusive ver el pasado y el probable futuro de los creyentes en los llamados registros "akáshicos". (3)

También es posible que una entidad del reino de los ángeles, que puede ser un hada por ejemplo, reciba instrucciones de llevar a cabo una aparición, con la finalidad de promover la fe religiosa, o facilitar el desenvolvimiento de acontecimientos históricos, como en el caso de Juana de Arco.

En 1858, en Lourdes, Francia, la niña de 14 años de edad, Marie Bernard Soubirous, conocida después en todo el mundo como Bernadette, fue testigo presencial de una serie de apariciones. En la narración escrita por la propia Bernadette, ella describe que se le aparecía la figura de una adolescente, casi una niña igual que ella. El cura de la aldea y el precepto de la policía al principio rechazaban lo que ella contaba diciendo que eran fantasías y que ella era una mentirosa que sólo quería atraer la atención de las gentes sobre

su persona, una pobre pastorcita.

Pasadas dos semanas, tanto el cura del pueblo como el prefecto deciden aceptar que las apariciones pueden estar sucediendo de veras y le sugieren a Bernadette que quien se le aparecía era la Virgen. Bernadette protesta y dice que no, que lo que ella veía era "Aquero". Ella estaba familiarizada con las imágenes de la Virgen en las iglesias y no le encontraba a la Virgen parecido con la entidad que veía día tras día en las apariciones. Bernadette no hablaba francés, los campesinos de esa zona de Francia en esa época se entendían entre si usando un antiguo idioma provenzal llamado "Occitan" o también "Langue D'Oc" (3). Cuando Bernadette decía "Aquero" quería decir "aquello" que es sobrenatural y mágico.

Este detalle parece confirmar la teoría de los ocultistas de que en muchas ocasiones es un hada, o un espíritu de la naturaleza el que participa en este tipo de fenómeno.

Bernadette se hizo monja, vivió en completa santidad y murió joven. Habiendo transcurrido un siglo después de su muerte, su cuerpo se mantiene incorrupto a pesar de haber estado enterrado durante 46 años. Actualmente su cuerpo se conserva dentro de una urna de cristal en el convento de Nevers, Francia, donde ella vivió durante 13 años.

La tradición nos dice que el cuerpo de los santos al morir no se corrompe ni despide olores desagradables. Al contrario, la tradición dice que el cadáver de los santos despide el olor del perfume de las flores. En el idioma español se utiliza la frase "morir en olor de santidad" para describir esto.

Realmente no existe una explicación científica satisfactoria que nos revele por qué un cadáver no se corrompe después de pasados tantos años. Efectivamente, si cualquiera de nosotros tiene una pequeña herida en un dedo de la mano y no se la cuida limpiándola, vendándola y ayudando a la curación con pomadas de antibióticos o medicamentos, la herida probablemente termine infectándose seriamente.

No es posible concebir entonces como un cadáver pueda resistir la corrupción durante siglos, inclusive habiendo estado 46 años bajo tierra, como en el caso de Bernadette. No se comprende como el cadáver no fue atacado por insectos y bacterias. Cuando Bernadette murió en 1879 no existían los antibióticos o medicamentos que hubieran explicado en algo esta situación.

Recuérdese también que el caso de Bernadette no es único, habiéndose repetido la misma situación con el cuerpo de muchos santos. El cuerpo de Catherine de Laboure (1806–1876), por ejemplo, se encuentra aún intacto y puede verse en la capilla de Rue de Bac 140 en París y hay muchos otros casos cuyos cuerpos se han mantenido incorruptos por cientos de años después de su muerte. En todos los casos, los cadáveres se conservaron sin haber sido embalsamados y habiendo permanecido enterrados por decenas de años. No habiendo ninguna explicación científica razonable, los ocultistas tienen diversas opiniones sobre el tema.

Una posibilidad es que la persona que vive en santidad lleva a efecto una materialización de su ser superior en el plano físico, convirtiendo de esta forma la materia de que está compuesto en incorruptible.

Otra explicación es que la vida en completa santidad hace que la existencia de los santos se extienda y toque la cuarta dimensión del tiempo, siendo esa la razón por la cual sus cuerpos se demoran mucho más en corromperse que el cuerpo del resto de los mortales. La respuesta pudiera estar en una combinación de los dos factores mencionados.

Sea la razón que sea, lo cierto es que casos como el de Bernadette nos hacen a todos testigos de un milagro.

Ocupados en la preparación de este libro observábamos una foto del cuerpo de Bernadette en la urna de cristal en que se conserva, cuando la habitación de nuestra oficina se llenó de un fuerte olor a flores.

(1) Los santos católicos más populares que la religión Yoruba a designado como similares a sus Orishas son:

Babalú Ayé = San Lázaro
Eleguá = San Antonio
Obatalá = La Virgen de las Mercedes
Ogún = San Pedro
Ochún = La Virgen de la Caridad
Oya = La Virgen de la Candelaria
Shangó = Santa Bárbara
Yemayá = La Virgen de Regla

(2) Lázaro de Betania viene a ser aquél joven de quien cuentan los evangelios que llevaba algún tiempo ya muerto cuando Jesús lo resucitó. La Iglesia Católica utiliza siempre a este santo para tratar de legitimar el culto popular a Lázaro el leproso de la parábola, pero la realidad es que por un lado el Lázaro leproso tiene un origen ficticio en una parábola y por el otro Lázaro de Betania no era un pobre miserable que andaba por las calles apoyado en muletas y rodeado de perros, sino una persona acomodada, de ciertos recursos. Curiosamente, la Iglesia lo muestra como Obispo de Marsella en su santoral. La tradición dice que Lázaro de Betania emigró al sur de Francia acompañando a María Magdalena, pero lo cierto es que en el primer siglo de nuestra era la Iglesia no estaba aún organizada de esta manera, no había realmente obispos, es posible que el cargo le haya sido adjudicado

"post-mortem". En cambio, la Iglesia Ortodoxa Griega sostiene que los restos de este Lázaro, al igual que los de otros santos que vivieron en Palestina, fueron trasladados a Constantinopla y enterrados allí.

3) Akasha, que en sánscrito se traduce como éter o cielo, contiene una memoria pictórica de todo lo sucedido anteriormente, denominada los registros akáshicos. Las personas clarividentes o evolucionadas espiritualmente pueden tener acceso a esta memoria que contiene toda la historia de la creación y de la humanidad.

4) Se estima que aproximadamente 11 millones de personas ubicadas en distintos países de Europa aún en el Siglo XXI se entienden entre sí utilizando el antiguo idioma provenzal conocido como "Occitan" o "Langue D'Oc". Más de dos millones de personas lo consideran aún su primera lengua en Francia, Italia y España,

—XV—

EL MOSQUITO

"A un paso de la libertad"

Nos vinieron a recoger a la casa, de improviso, a las diez de la mañana de un día entre semana, en un pequeño ómnibus que tenía el aspecto de una guagua de colegio.

Normalmente, tanto mi esposa como yo hubiéramos estado en nuestros trabajos y los niños asistiendo a la escuela. Pero alguien nos había advertido que permaneciéramos hoy en casa, que habían llegado numerosos barcos y lanchas al puerto del Mariel en el Occidente de Cuba, para reclamar a los familiares y llevarlos a Estados Unidos.

Habiendo oído rumores en la calle sobre lo que estaba por suceder, yo había avisado con un mes de anticipación a mi madre en Miami de que el gobierno totalitario iba a autorizar la salida en masa de ciudadanos cubanos a través del puerto del Mariel, que serían entregados a los familiares que los vinieran a reclamar navegando en pequeñas embarcaciones a través del peligroso Estrecho de la Florida. Mi señora madre, había pedido un dinero prestado y se había trasladado a los cayos de la Florida, donde diez cubanos exilados sellaron una amistad inmediata sin conocerse, cada uno aportando cinco mil dólares, para entre todos contratar a un negro americano, capitán y dueño de un barco camaronero. El capitán y su aguerrida tripulación se sintieron tentados por la promesa de una aventura que podía reportarles cincuenta billetes de a mil. Mucho dinero en una época en que un pantalón de trabajo se compraba por $1 en Kmart.

Y ahora estábamos todos en casa, nerviosos, vistiéndonos y acopiando papeles de identificación apresuradamente, dando sugerencias de que hacer con la casa y el auto, despidiéndonos emocionados de familiares y amigos que probablemente no volveríamos a ver jamás.

Después de alguna otra parada con los mismos propósitos, la guagua nos llevó a uno de los tantos clubes de Miramar,(1) donde en la Cuba anterior a la dictadura los miembros habían disfrutado del mar, de la piscina, de los juegos de "Squash", de las fiestas y los bailes, pero que ahora habían de repente destinado al siniestro propósito de concentrar gentes a las que los sicarios del régimen no respetaban ni consideraban como personas, sino que ofendían, aterrorizaban y menospreciaban a cada momento.

Allí mismo, en uno de los salones que en otra época se habían usado para la diversión, las fiestas y los románticos encuentros de enamorados, los diligentes representantes de la tiranía improvisaron una oficina donde procesaban a cada recién llegado y le estampaban una "E" de emigrado en el pasaporte y le decían que había en ese momento dejado de ser ciudadano de Cuba y que no podría regresar a su país nunca, jamás.

Todo comenzó por un hecho aparentemente de menor importancia y que se había repetido numerosas veces en los anteriores veinte años de la dictadura castrista. La angustiosa vida, la falta total de esperanzas a la que es sometido el ser humano que tiene la mala fortuna de caer bajo el régimen tiránico de una despiadada dictadura comunista como la de Fidel Castro y sus camarilla de asesinos y ladrones, como ya he dicho anteriormente en este libro, le dejó a los indefensos ciudadanos la única opción de emigrar, de soñar noche y día con poder ir a vivir con su familia en cualquier otro país en que haya libertad y oportunidades de abrirse camino.

Desde 1960, casi todos los meses, a veces casi todas las semanas, había un incidente en La Habana en que varios ciudadanos, utilizando infinidad de variantes y una imaginación inagotable, lograban penetrar las embajadas y los consulados de diferentes países con la finalidad de solicitar asilo político. A veces, secuestraban un ómnibus, bajaban a los pasajeros y a toda velocidad se precipitaban sobre las verjas del patio de la embajada. Otras veces utilizaban un camión para forzar la entrada o se lanzaban desde los edificios colindantes. En algunos casos, simplemente burlaban la guarnición armada de ametralladoras saltando los muros de madrugada.

La reacción del gobierno tiránico de Cuba era simplemente la reacción personal de Fidel Castro, un individuo que nunca ha sido una persona normal, sino más bien un loco degenerado y sinvergüenza. El tomaba los intentos de estas personas por conseguir su libertad como una afrenta personal, no autorizaba su salida del país ni le daba validez a los asilos en las embajadas, y en cambio sometía a las embajadas y consulados que habían aceptado exilados a todo tipo de presiones y chantajes políticos para que le devolvieran los asilados, con la finalidad de abusar de ellos, apresarlos y hacerles la vida imposible, después de todo, que se puede esperar que haga un monstruo de la catadura de Fidel Castro.

En este caso de la Embajada de Perú, como quiera que el gobierno de Perú se había negado a seguir sus órdenes y devolverle los exilados, Fidel Castro mandó, como represalia, retirar la guardia de la embajada. Lo que sucedió después, él no se lo había imaginado ni en sus peores pesadillas: mas de 10,000 personas se metieron en unos días en los patios de la Embajada de Perú del barrio de Miramar en La Habana, aprovechando la retirada de la guardia.

A Castro esto le dio primero un ataque de furia impotente, después le sobrevino una depresión al chocar con la realidad de que el pueblo de Cuba sólo tenia desprecio y odio para el y su tiranía totalitaria. Por los días siguientes y mientras el siempre acobardado y miserable de Castro se recuperaba de su depresión, el país de Cuba se mantuvo sin gobierno, ya que el único gobierno en Cuba era Fidel Castro, y el muy cobarde sufría un ataque de histeria y de nervios.

Mi vecino y amigo Sergio, al segundo día de la crisis de la Embajada de Perú me viene a ver, me pide que por favor los lleve a él, a su esposa Delia y a sus pequeños hijos Sergito y Lizy a la Embajada, que vaya manejando su auto y que al regreso se lo deje a su hermana. Se encontraba de visita en mi casa mi amigo Ramón Vallejo, que se monta con nosotros en el auto y nos encaminamos todos hacia Miramar.

Dejamos el auto a un par de cuadras y nos acercamos caminando a la Embajada de Perú. Solamente la vista de aquello era totalmente increíble. Miles de personas se encontraban ya dentro del patio y los jardines de la embajada, eran tantos que tenían que permanecer de pié, porque si se sentaban no iban a tener espacio para todos. Alrededor de la embajada caminaban cientos de personas. Seguían llegando autos procedentes del interior de la república de los que se bajaban familias enteras con sus maletas. Buscando nosotros como introducir a la familia de mi amigo Sergio, dimos la vuelta caminando por detrás y encontramos una pequeña entrada que parecía dar acceso a la cocina. Por ahí aprovechamos para cargar los niños y un par de maletas sobre las rejas del patio, Muy alarmados y preocupados nos despedimos de Sergio y Delia y de los niños. Nos daba la impresión que aquello no podía terminar bien, que era una situación muy peligrosa para involucrar niños pequeños en la misma.

Mi amigo Vallejo, que me acompañaba en esta aventura, y yo, decidimos continuar dando la vuelta a la Embajada con la finalidad de tratar de ver todo lo que estaba sucediendo. Pasamos por el frente que da a la Quinta Avenida y continuamos dándole la vuelta por la calle lateral izquierda que habían cerrado con unas barreras de madera. En esa calle habían aglutinado a cientos de miembros de la policía política de la tiranía, de la temible "Seguridad del Estado", una especie de Gestapo creada por Fidel Castro, todos vestidos de civil. Esta aglomeración de esbirros no era para buenos propósitos.

En un momento dado y siguiendo una consigna, los cientos de esbirros vestidos de civil empezaron a tirar hacia dentro de la embajada unos adoquines de piedra que habían traído para ese efecto en un camión. Como quiera que los patios y jardines de la embajada estaban totalmente llenos de personas, cualquiera de estos adoquines o grandes piedras, una vez lanzados sobre las verjas, iba a hacer blanco, le iba a romper la cabeza a algún infeliz. Aquí se ve el tipo de cobardía y abuso impune sobre personas indefensas que predica y enseña Fidel Castro a sus perros. Los entrena para a ser tan cobardes y abusivos como él mismo es.

Pero no más los esbirros habían lanzado la tercera de estas gigantescas piedras hacia adentro, cuando por los muros y rejas que rodean toda la embajada empieza a subir y desbordar hacia fuera una marea de negros indignados que vienen desarmados pero con los puños en alto a detener a los agresores, a atacar con decisión a los cobardes policías vestidos de civil. Algunos traen palos en las manos que han arrancado de los árboles del patio.

Naturalmente y mostrando la misma cobardía que siempre exhibe su jefe Fidel Castro, a la más leve señal de peligro ¿Qué hacen los policías? Pues mandarse a correr. Cientos de policías vestidos de civil empezaron a correr despavoridos loma abajo en nuestra dirección, con un miedo cerval a las iras del populacho reflejado en los ojos. Ni mi amigo Vallejo ni yo habíamos corrido tanto ni tan rápido en nuestras vidas para evitar que los cientos de policías que venían huyendo aterrorizados nos aplastaran.

La crisis de la Embajada de Perú en La Habana se solucionó después de la siguiente forma. Francia, Canadá y otros países ofrecieron que ellos aceptarían de las 10,000 personas que se habían asilado en la Embajada, solo a aquellos que fueran profesionales o tuvieran preparación técnica. Entonces, como siempre, el magnánimo y generoso gobierno de los Estados Unidos dio un paso al frente y declaró que los aceptaba a todos, sin importar sus condiciones personales.

Fidel Castro y sus compinches habían preparado un video para justificarse y calmar a sus partidarios, el cual exhibieron en esos días bajo estricto secreto a los miembros del partido y la policía política, donde explicaban que todo esto que estaba sucediendo era en realidad un plan para disminuir la población de Cuba o mantenerla en cierto número limitado de personas, que en ese momento fijaban en ocho millones como el número ideal. El resto emigraría a la Florida donde miles de miembros de la policía política iban a ser infiltrados para con el tiempo llegar a dominar la Florida y traerla a ser gobernada desde Cuba como había sido en tiempos de España.

No dudamos que la mente enferma de Fidel Castro pudiera pensar que esto podía llegar a realizarse y es verdad que miles de espías y miembros de la policía política o Seguridad del Estado del gobierno tiránico de Cuba han sido infiltrados en la Florida, muchos de los cuales ocupan ahora posiciones claves en el Estado, en las Universidades y el sistema escolar, así como en los gobiernos de varios condados y ciudades.(2) Pero de eso a quitarle la Florida a Estados Unidos y gobernarla desde Cuba, va una distancia muy grande.

En fin, la realidad es que el video solo buscaba "salvar la cara", darle un giro político conveniente a la crisis y justificarse ante sus más acérrimos partidarios con el estilo del "Chapulín Colorado", diciendo que todo esto que estaba sucediendo, el todopoderoso y omnisapiente comandante lo tenía "fríamente calculado".

Y volviendo a la situación de mi grupo familiar, desde el Club privado en Miramar nos trasladaron en ómnibus hacia unos barracones ubicados frente al mar que habían pertenecido a una unidad militar, en un lugar conocido como "El Mosquito". Ya en el momento de la salida del Club y de tomar el ómnibus hacia "El Mosquito" habían tenido tiempo de organizar una turba que se ocupaba de gritar insultos a los indefensos infelices que abordaban las guaguas.

Estábamos fuertemente vigilados dentro del ómnibus y éste se demoraba en salir, pero yo me las arreglé para esconderme detrás de alguien y empezar a hacer todo tipo de muecas y burlas a los que nos gritaban, los que al notarlo, se pusieron verdaderamente frenéticos en sus gritos e insultos, lo que a mi me divirtió inmensamente.

En "El Mosquito" las humillaciones continuaron, nos desnudaron para registrarnos, me quitaron el maletín donde llevaba los papeles de identificación y me hicieron de ahí en adelante llevarlos en la mano. Las prendas, relojes y el dinero eran todos confiscados, pero nosotros, previendo esto, no llevábamos absolutamente nada encima. Nos pasaron a unos barracones vacíos donde había que dormir en el suelo. No había ningún tipo de alimentación y durante los tres días que allí estuvimos mi familia y yo solo pudimos tomar agua de una pila o llave que había afuera.

Al segundo día se apareció un solo policía con un cubo todo abollado y sucio, de esos que se usan para trapear o limpiar el piso, lleno de un yogurt líquido, de color blanco, con un cucharón. Se subió en una de las escaleras de entrada de los barracones para repartir el yogurt. Miles de personas lo rodearon, no había vasos ni recipientes, las gentes ponían las manos para recibir un poco de yogurt. Yo decidí que era imposible ni siquiera acercarse a aquel hombre. Un cubo de yogurt no alcanzaba para miles de personas. Seguimos sin comer otro día más.

A Fidel Castro le daba una rabia infinita de todas formas que miles de personas se escaparan por entre los pinchos de su tridente de diablo loco y el tenía que hacer algo para tratar de perjudicar a los que se iban y a los americanos que tan generosamente habían aceptado acogerlos.

Diabólicamente se le ocurrió el único tipo de idea de la que es capaz, ideas de destrucción y de maldad son las únicas que salen de su mente enferma. Se le ocurrió vaciar las cárceles y los hospitales de locos y enviar hacia los Estados Unidos a los criminales y violadores más peligrosos. Al mismo tiempo, en las estaciones de policía las personas que se inscribieran como homosexuales o prostitutas eran enviados hacia "El Mosquito" para sumarlos a los que emigraban por el puerto del Mariel. De esta forma el degenerado de Fidel Castro pretendía también desprestigiar a los que se exilaban. Miles de estos presidiarios y orates fueron ubicados dentro del campo de concentración (3) de "El Mosquito" en unas tiendas de campaña muy grandes, probablemente militares y de color verde olivo, pero que daban la impresión de ser gigantescas tiendas de circo. Todas estas gentes fueron también concentradas en el lugar sin ninguna alimentación.

Para ir al baño, es decir para orinar o hacer las necesidades fisiológicas, habían establecido en "El Mosquito" el siguiente sistema. Había unos "excusados" o letrinas construidos a la orilla del mar que parecían venir del tiempo en que "El Mosquito" albergaba una unidad militar. Esta edificación de madera consistía en varios cubículos contiguos, levantados como un metro sobre el resto del terreno, cada uno dotado de un hueco en el piso donde hacer las necesidades, los excrementos y orines drenando por gravedad hacia el mar. Un encanto de higiene y atención exquisita.

La hilera de excusados o letrinas se encontraba aproximadamente a un kilómetro de distancia, en la misma costa. Los guardias establecieron un camino desde el campamento hasta las letrinas de un metro de ancho, marcado con sogas colgadas de maderos como a la altura de la cintura. Solamente se permitía una persona en los excusados a la vez. Cuando esa persona terminaba y se encaminaba de regreso, entonces de la larga fila de miles de personas esperando para ir al servicio sanitario, dejaban salir a uno (o una), que se cruzaba en mitad de camino con el que venía de regreso.

A ambos lados del camino marcado por sogas había numerosos guardias armados de perros, fusiles con bayoneta calada y ametralladoras. En varias oportunidades, parece que no les gustó la forma en que los miró el que iba caminando entre las sogas a hacer sus necesidades y los guardias no vacilaron en echarles los perros, pincharlos con las bayonetas y golpearlos con la culata de los fusiles. Recuerdo que en cuanto yo lograba ir al baño y regresar, me ponía al final de la cola otra vez. Tomaba unas cuatro horas en ese momento el que le llegara a una persona su turno y para ese tiempo uno tenía ganas de orinar otra vez. Era una forma de pasar el tiempo en este campo de concentración castrista.

Empezaron a venir ómnibus que cantaban nombres de algunos afortunados a los que les había llegado la hora de irse. Nuestro nombre no estaba en ninguna lista. Al tercer día unos camiones se aparecieron con unas literas desarmadas. Yo pude cargar dos de ellas y me dediqué todo el día a armarlas, sin herramientas, la sangre brotaba de mis dedos, manos y brazos que había utilizado para atornillar y martillar las literas "a mano limpia".

Orgullosamente, puedo al fin poner a mi hija Anabel y mi hijo Pepito en una de las literas armadas. Al fin van a dejar de dormir en el suelo, aunque aún no tenemos nada que comer. Pasan varias horas y el alto oficial del Ministerio del Interior que viene a cargo de una de las guaguas que vienen a recoger gentes lee mi nombre. Tiene el aspecto de ser un hombre de familia, un individuo en cierto modo decente al que han sacado de su cama y de la comodidad de su casa para meterlo en este lío. Percibo que el oficial parece sentir lástima de las pobres gentes que se ven forzadas por la dictadura a abandonar su país. Me parece que le da vergüenza el papel que está desempeñando, pero aún así lo lleva a cabo.

En cuanto una persona en el campamento oye anunciar su nombre, tiene que atravesar la calle interior del campamento, delante del barracón donde duerme, en dirección al autobús y esperar allí hasta recibir la orden de abordarlo. Mi nombre es leído y yo atravieso la calle y me paro solo al lado del autobús. Después de mi nombre, el oficial lee el de mi señora, que también cruza la calle. Enseguida el de mi hija. Y seguidamente continúa llamando los nombres de otras personas, sin haber mencionado el nombre de mi hijo. Todos nos quedamos desesperados sin saber que hacer. Estamos en presencia de los crueles oficiales de la Gestapo. Nunca se sabe como van a reaccionar cuando uno les habla.

Poco a poco, me muevo entre el grupo de personas y me acerco al oficial por detrás. Espero que diga el siguiente nombre y lo toco suavemente por el hombro. El hombre se vira hacia mí y me espeta:

-   ¡Que desea, ciudadano!

Yo le contesto;

-   Mi hijo no fue nombrado, es aquel que está allí—y lo señalo con el dedo para que lo distinga—Ud. nombró a todos en mi familia menos a él.

Antes de contestarme, el oficial se toma un segundo. El segundo más largo que he tenido que sufrir en mi vida. Después de esa pausa, el oficial me responde secamente:

-   ¿Como se llama su hijo?

Yo le digo:

-   José Graña. Se llama igual que yo. A lo mejor por eso lo omitieron.

Y dice sin mirarme:

-   Dígale que pase—y procede a añadir de su puño y letra, con un bolígrafo, el nombre de mi hijo a una lista emitida muy tosca y desorganizadamente en alguna vieja máquina de escribir. Ese hombre definió ahí mismo y en ese momento el destino de toda nuestra familia.

Toda esta conversación se llevo a cabo en voz baja, me parecía que mi hijo no podía oírla desde donde estaba. Yo me separé un poco del oficial y le hice señas con la mano de que se nos uniera. Con el corazón en la boca vimos a mi hijo Pepito cruzar la calle en dirección a nosotros y unirse al grupo que al fin, según parecía, podría abandonar este infierno.

Subimos al ómnibus y nos llevaron al puerto del Mariel, donde nos esperaba un gran barco camaronero. Otra vez leyeron la temible lista, estábamos sinceramente aterrados de que volvieran a omitir el nombre de mi hijo y yo le advertí que si no lo mencionaban cruzara de todas formas hacia el barco como quien no quiere la cosa. Esta vez lo mencionaron y pudimos abordar la nave los cuatro. Estando ya en el barco, un joven oficial entró con alguien en una silla de ruedas. En la confusión del momento, el oficial se metió hacia las profundidades del barco y se escondió. Vino a salir cuando ya estábamos en alta mar, tras varias horas de travesía, en medio del aplauso de todos, todavía con su ametralladora en la mano.

Unos cincuenta familiares fueron embarcados en el camaronero el cual fue "rellenado" con doscientos cincuenta delincuentes acabados de sacar de las cárceles. Al fin lográbamos salir del infierno Castrista con la esperanza de llegar a reconstruir nuestras vidas en libertad. Por ser de los primeros en entrar y salir del campo de concentración de "El Mosquito", nuestra estadía en el lugar fue afortunadamente corta. Muchas otras personas permanecieron allí durante semanas o meses.

Un total de 150,000 personas emigraron durante el éxodo del Mariel, que comenzó el 22 de Abril y terminó el 22 de Septiembre de 1980.

1) Antes de ser trasladados al campo de concentración de "El Mosquito", los habaneros eran procesados en el antiguo "Miramar Yacht Club", uno de los tantos clubes situados en la costa norte de Cuba al oeste de La Habana, en el barrio de Miramar, que el desgobierno de Fidel Castro rebautizó como "Abreu Fontán".

2) El que esto escribe, además de muchos otros cubanos del exilio, todos hemos denunciado repetidas veces la infiltración sistemática y planificada de espías y agentes de la Gestapo cubana en Estados Unidos. Hasta en el pentágono descubrieron recientemente espías y agentes de la tiranía castrista. La razón por la cual el gobierno norteamericano permite la infiltración o se hace "de la vista gorda" a pesar de las repetidas denuncias, no la comprendemos.

3) El sistema de los campos de concentración fue utilizado por Fidel

Castro desde los primeros años de su régimen tiránico. En Noviembre de 1965 se establecieron las "Unidades Militares de Ayuda a la Producción" (U.M.A.P.) a donde se llevaban detenidos a los sospechosos de ser opositores al régimen para ser sometidos a trabajos forzados. Sistemáticamente se enviaban a los campos de concentración de trabajos forzados de la U.M.A.P. cientos de personas sospechosas de ser homosexuales o lesbianas.

Conocidos artistas del teatro y la televisión de esa época fueron recogidos por orden expresa del dictador y su camarilla de esbirros.

En los campos de la U.M.A.P. los detenidos eran vigilados a punta de bayoneta y sometidos a frecuentes golpizas.

Yo fui testigo de la recogida de grupos de jóvenes sólo por el hecho de estar conversando en grupo en una esquina del barrio del Vedado. He visto ómnibus transitando despacio por las principales avenidas de La Habana, manejados por un policía con otro parado en la puerta, el cual iba deteniendo y subiendo al ómnibus a quien le parecía. Yo fui una vez detenido y transportado en uno de esos ómnibus con mis amigos Frank Paramio y Ramón Vallejo por el simple hecho de estar celebrando mi cumpleaños en un bar cercano a nuestra casa. Este tipo de "recogida" se repetía en todas partes y a cualquier hora para mantener a la población bajo un estado de perenne terror al gobierno.

La tiranía castrista le arrebató todos los derechos a los ciudadanos cubanos. Entre ellos, el derecho a salir del país, el cual tenía que ser solicitado a oficinas del Ministerio del Interior. En mi caso, durante 15 años se me negó el "derecho" a emigrar. Durante décadas, los ciudadanos cubanos que solicitaban salir del país eran enviados a campos de concentración de trabajos forzados en el campo, donde bajo condiciones terribles de hambre y pésima higiene tenían que llevar a cabo trabajo esclavo para el despótico gobierno. Las personas que eran sospechosas de tener opiniones contrarias al gobierno tiránico de Castro eran expulsadas de sus trabajos y no podían conseguir otro por ser el gobierno el único empleador. Entonces eran acusados de "vagancia" y enviados a campos de concentración de trabajos forzados en el campo. Los estudiantes universitarios (yo fui uno de ellos) también eran enviados a campos de concentración para hacer trabajo esclavo durante por lo menos dos meses de cada año. La alternativa era perder su derecho a estudiar en la universidad. Inclusive los niños en edad escolar eran forzados por la tiranía a desempeñar trabajo esclavo, bajo las peores condiciones, viviendo en barracones en el campo.

Desde su juventud, Fidel Castro era un ferviente admirador de Hitler y ávido lector del "Main Kampf" (Mi Lucha) escrito por éste, lo que arroja cierta luz para saber de donde había sacado su inspiración para abusar de la población indefensa de esta manera y mantener a miles de personas en campos de concentración haciendo trabajos forzados, trabajo esclavo para la implacable dictadura. Castro es por supuesto un tirano mucho peor que Hitler, porque abusaba sistemáticamente de los ciudadanos de su propio país.

—XVI—

WELCOME TO MIAMI

"Santa Bárbara nos acompaña"

La primera casa que pudimos alquilar en Miami fue un reducido apartamento de dos cuartos en la Pequeña Habana. Nos mudamos con solamente tres colchones, que colocamos en el piso, y un televisor que pusimos también en el suelo de la sala, para que por lo menos la familia tuviera en que entretenerse.

A Miami vinimos con solo la ropa que traíamos puesta en el bote y al no tener ni crédito ni dinero, nos demoramos algún tiempo en ir amueblando el pequeño apartamento mientras tratábamos de abrirnos camino como podíamos.

No es necesario aquí detallar las penurias del inmigrante, arrancado de su tierra y de sus tradiciones, en el caso de los cubanos, por una despiadada tiranía. Lo principal era que estábamos al fin en un país libre que nos había acogido generosamente, por lo que siempre estaremos eternamente agradecidos.

Un día mi hija trae a un amiguito a la casa cuya familia llevaba ya mucho tiempo en los Estados Unidos. Como es natural, se encontraban en una situación económica más estable que nosotros, eran propietarios de su casa y demás. Aunque el padre del muchacho tenía su negocio y le iba bien, la madre se dedicaba a importar adornos y vajillas de España, que revendía para hacer algún dinero extra. El amiguito de mi hija nos informó que la mamá tenía el garage lleno de cajas de estos artículos y que con ella íbamos a poder conseguir los juegos de cazuelas, vajilla, platos y vasos que tanto nos hacían falta y todo a muy buen precio.

"De nuevo Santa Bárbara"

La mamá del amigo de mi hija nos recibió con toda amabilidad y nos llevó al garage de la casa que estaba efectivamente lleno de cajas. Mi señora y ella empezaron a buscar en las cajas los objetos que veníamos a adquirir para completar nuestra cocina y nuestra mesa.

La primera caja de cartón que abrimos contenía, para sorpresa de todos, una imagen de la Santa Bárbara. La dueña de la casa fue la primera sorprendida, porque según nos dijo, ella no había ordenado imágenes de la santa y entre las cajas que se encontraban en el garage no estaba supuesta a haber una.

Naturalmente, compramos, además de los juegos de platos, vasos y cazuelas, la imagen de la santa Bárbara, la que conservamos con nosotros después durante muchos años. Mi señora estaba segura que el hallazgo de la imagen de la santa era algo milagroso y que nos traería buenos auspicios.

"El tránsito de vehículos en Miami"

Llevamos veinte seis años manejando en el denso y complicado transito de Miami. Por lo menos tres veces, inexplicablemente he evitado serios accidentes del tránsito. A continuación les expongo en detalle cada caso exactamente como sucedió y ustedes juzgarán si se trata o no de un milagro o algo sobrenatural o paranormal.

La primera ocasión en que salvé a toda mi familia de un accidente del tránsito serio fue alrededor de 1982. Yo iba manejando el auto en dirección oeste por la 29 calle del Northwest. El tráfico de vehículos era intenso y se detuvo completamente. Mi carro quedó momentáneamente atravesado, obstaculizando una calle transversal. Miles de veces yo he estado manejando en Miami y muchas otras ciudades, el tráfico provoca que todos los vehículos se detengan y mi auto queda atrapado en una intersección. Y como hace todo el mundo, yo espero pacientemente en mi

carrilera a que el tránsito se despeje y continúo.
Pero no ese día, no en ese momento.

Inexplicablemente, no puedo saber porqué, de
inmediato decidí desviar el auto y parquearlo
en un espacio vacío en la misma esquina.
Mi familia se sorprendió, no comprendiendo
porqué yo había parqueado. Pasan unos
segundos y viene un auto a toda velocidad
manejado por unos rufianes que venían huyendo
de la policía que choca estrepitosamente con
el auto que tomó mi lugar en la intersección.
Los delincuentes se lanzan fuera del auto y se
dan a la fuga corriendo, saltando cercas. Del
auto de la policía se bajan agentes armados
que corren detrás de ellos.

Yo todavía no entiendo que fuerza fue la que me
hizo desviar mi auto y parquearlo, justo a tiempo
para evitar el accidente. Quién sabe si esto evitó
la muerte o serias heridas de alguno de nosotros.

En la segunda ocasión, ya por los años 90, yo
venía manejando solo, regresando del trabajo
hacia mi casa en Fontainebleau Park. Ponen la
roja en el semáforo de la Avenida 87 y Park
Boulevard. Yo he pasado por eso mil veces y
siempre detengo mi auto en firme, porque hay
que esperar a que terminen de doblar hacia
la izquierda los autos que vienen por la 87
Avenida hacia el norte antes de poder doblar
a la derecha hacia Park Boulevard.

Pero esa única vez, después de parar en firme
en el semáforo, yo hice que el auto doblara a
la derecha rápidamente, solo para "esconder"

mi carro en Park Boulevard, teniendo cuidado de evitar los vehículos que doblaban izquierda. Inmediatamente, un auto que venía a enorme velocidad detrás de mí, y que si no escondo mi auto hubiera chocado conmigo por detrás, se precipitó violentamente contra uno de los vehículos que doblaba hacia la izquierda, viniendo desde la 87 Avenida en dirección norte.

¿Qué fuerza fue la que me obligó a mí a doblar y quedarme allí, como escondiendo mi auto, resguardándolo del accidente que iba a suceder? Cuando uno está llegando a su casa del trabajo, después de trabajar mas de ocho horas y de manejar casi una hora para llegar a la casa, uno viene inclusive medio dormido, casi hipnotizado, manejando "en automático", porque es un recorrido que se repite a diario.

Entonces, ¿A qué se debió esta reacción? ¿Sería un "ángel de la guarda" ocupándose de mí? ¿Sería un sentido de adivinación inconsciente de lo que iba a suceder? ¿Sería yo capaz de ver y prevenir el inmediato futuro? ¿Es esto posible?

La tercera ocasión no hace falta describirla porque fue muy parecida a la que acabo de narrar. Excepto que esta vez, para evitar el accidente, se me ocurrió sin previo aviso dar una brusca vuelta en "U" en la 72 Avenida del N.W. La insólita maniobra me salvo de un accidente.

Tres veces mi "ángel de la guardia" o un inexplicable "sexto sentido" me salvaron de un serio accidente del tránsito. Realmente, yo no se a ciencia cierta que explicación darle a lo sucedido. Quizás ustedes tengan una mejor idea.

"Bienvenido"

Un día decidí visitar una Logia Teosófica en Miami. La vorágine que envuelve a un exilado, la lucha por la subsistencia, no me había dejado tiempo ni siquiera para eso. Recuerdo que era un sábado por la noche. Entro por la puerta y tomo asiento como uno más del público visitante. Hago una revisión de los presentes y me doy cuenta de que no conozco a nadie.

Sin embargo, al mismo tiempo me siento calurosamente bienvenido por entidades en cuerpo astral que se comunican conmigo y me reciben. Siento que me reconocen y me dan una bienvenida afectuosa. Desgraciadamente no los veo, no se quienes son, solamente los percibo, pero muy claramente. Nadie me reconoció en el mundo físico, pero en cambio, la bienvenida astral en la Logia Teosófica de Miami fue emocionante e inolvidable.

—XVII—

CAPTIVA ISLAND, FLORIDA

"Una casa llena de fantasmas"

Mi infancia transcurrió libre y en contacto con la naturaleza, explorando bosques, lomas, costas y playas solitarias en completa libertad. Inclusive montando al pelo yeguas semisalvajes con mis amiguitos en el campo sin que mis padres jamás lo supieran. Viendo a mis nietos como pasaban su niñez encerrados en habitaciones de ciudad con el único interés y la única experiencia en su vida siendo los juegos electrónicos, me provocaba verdadera lástima.

Las circunstancias de mi vida hacían que yo tuviera que dedicar la mayor parte del año a mi trabajo, sólo podía ayudar a mis nietos a salir de su rutina en las vacaciones. Mi vacación anual siempre había consistido en visitar cada año un lugar diferente del ancho mundo. Motivado por el deseo de ayudar a mis nietos, ahora había decidido para mis vacaciones rentar una casa, diferente cada año, en la isla de Captiva, ubicada frente a la costa del Golfo de México, al oeste de la Florida, llevándome conmigo a toda la familia, incluyendo a mis hijos y su descendencia, que eran mis nietos, todos varones.

De ésta manera se me ocurrió que todos podríamos disfrutar del contacto diario con la naturaleza, en una casa grande y cómoda y en una isla tranquila y separada del mundo como es Captiva Island.

Captiva está totalmente retirada del ajetreo del tráfico y el trasiego de las carreteras. Para llegar a la isla hay que atravesar el largo viaducto elevado sobre el mar que une a la Isla de Sanibel con el resto de la Florida, cruzar toda la Isla de Sanibel, que es mucho mayor en tamaño, y tan sólo al final encontraremos el pequeño puente que por fin nos lleva a nuestro destino.

La Isla de Captiva tiene unos seis kilómetros de largo por uno de ancho en su parte más amplia. Dónde es más estrecha, solamente unos 100 metros de tierra firme separa las tranquilas aguas del Golfo de México de la bahía interior, que se conoce como Pine Island Sound. La tranquila y casi siempre solitaria playa se encuentra hacia el lado Oeste de la isla que asoma hacia el Golfo. La mayor parte del terreno en la isla se eleva tan sólo de cuatro a seis pies sobre el nivel del mar y fue separada por un huracán de la más pequeña isla de Captiva del Norte, la cual quedó de este modo aislada de las carreteras que comunican con el continente.

El nombre de Captiva lo recibió la isla debido a que el romántico y notorio pirata José Gaspar (Gasparilla) a finales del siglo XVIII mantuvo secuestradas allí a varias mujeres que se había llevado como parte del botín de los barcos abordados, pidiendo eventualmente rescate por ellas. A las más bellas de estas damas las tomaba como amantes, el caso más notable siendo nada menos que el de la hija del gobernador de la Florida.

En Captiva hay numerosas casas y algunos apartamentos que se ofrecen para la renta, los cuales pertenecen a familias que los utilizan por tiempo limitado, quedando vacíos la mayor parte del año. Durante seis años consecutivos alquilamos excelentes casas con muelle propio hacia la bahía, algunas con canchas de tenis iluminadas, todas con piscina, amplios terrenos y jardines. Inclusive podíamos alquilar un bote de motor de 18 pies, tenerlo atado al muelle y usarlo para explorar los cayos e islotes cercanos, como Cabbage Key, Useppa Island, Captiva del Norte y otros donde hay restaurantes, museos y playas desiertas.

En todas las casas nuestras vacaciones transcurrieron normalmente excepto en una, de la cual me reservo la dirección exacta, pero si puedo decir que se trataba de un amplísimo apartamento, con sucesivas puertas de cristal en el balcón que dejaban ver toda la bahía, con muelle y piscina propios, todo muy bien atendido y en perfectas condiciones de higiene, dotado de efectos electrodomésticos de primerísima calidad y la biblioteca, como en todas las demás casas que alquilamos, abastecida de toda clase de libros y un surtido de películas disponible para el solaz de los huéspedes.

Este amplio apartamento estaba encantado.

La primera en notarlo fue mi señora, que desde la primera noche pudo ver una mujer joven que con el brillo espectral blanco de los aparecidos rondaba por la casa y la venía a ver a la cama. No se percibía hostilidad en la aparición y mi esposa pudo después identificar la joven en una de las fotos que se encontraban colgadas de la pared. Supusimos entonces que la benigna aparición debía tratarse de un miembro fallecido de la familia.

En mi caso, yo me ponía tranquilamente a leer de noche en el amplio balcón que miraba  hacia la bahía, pálidamente iluminada por el cuarto creciente de la luna. Mis lecturas eran constantemente interrumpidas por el ruido de alegres pies que se movían corriendo juguetones por el piso de madera de la casa. Nuestro apartamento se encontraba en el tercer y último piso de un edifico de tres. Los apartamentos de los pisos primero y segundo se encontraban vacíos, cualquier ruido de pasos tenía que ser originado en nuestro apartamento.

Yo no podía ver a estos retozones fantasmitas, pero me daba la impresión que se trataba de niños persiguiéndose en un juego que nunca terminaba. Los rápidos pasos se sentían a menudo tamborileando el suelo a mí alrededor y la ligereza de las carreras sugería figuras de pequeña estatura y ánimo infantil.

Mi conclusión inmediata fue de qué se trataba de espíritus de la naturaleza, pequeños y juguetones duendes que se comportaban como alegres y despreocupados niños. Los apartamentos se mantenían vacíos por buena parte del año y el ambiente donde se hallaban, cercanos a los solitarios pantanos y tierras bajas, los muelles y los jardines visitados frecuentemente por nutrias y coatíes, era probablemente propicio también a la visita de seres de otras dimensiones. Lo cierto es que de alguna manera estos duendes decidieron tomar el lugar como vivienda o territorio de reunión y juegos, como a nosotros nos tocó comprobar.

Nuestro tiempo de vacaciones pasó normal y sin consecuencias. Los fantasmas y duendes se hacían sentir a diario pero nos permitieron disfrutar de nuestro tiempo de descanso y diversión.

Durante decenas de años hemos optado por rentar casas o apartamentos para nuestras vacaciones. Siempre que sea posible hacerlo, preferimos las casas sobre los cuartos de hotel por la privacidad y superior comodidad. En todos esos años de alquilar en tan diferentes y variados lugares, esta fue la única oportunidad en que la casa que rentamos resultó estar poblada de duendes y fantasmas.

—XVIII—

MADAME BLAVATSKY

"Me da información en sueños"

Helena Petrovna Blavatsky, (1831–1891) hija de un miembro de la nobleza rusa y de una novelista, fue la fundadora de la Sociedad Teosófica en Nueva York, en el año de 1875.

Nunca aburrida, siempre controversial, viajando por todo el mundo para traernos un mensaje muy adelantado para su época, Madame Blavatsky nos abrió las puertas de la cultura del oriente, rasgó la venda que sobre nuestras mentes bloqueaba el estudio, la comprensión y la aceptación de la ciencia ocultista, nos llevó de la mano a entender que existe un universo más rico, mas variado del que teníamos noticia. El paso del tiempo ha demostrado que esta mujer fuera de serie resultó ser el catalizador que nos movió a todos hacia una nueva era y una diferente comprensión de la vida y del universo, basada en el esoterismo.

Gracias a Helena y algunos de sus seguidores, hoy son parte del vocabulario corriente de nuestra cultura y civilización occidental expresiones como la ley de Karma, los Chakras, el aura, el plano astral y el concepto de la reencarnación, por mencionar solo unos pocos.

H.P.B. como también se la conoce, escribió de manera profusa y erudita. Sus libros más importes son sin duda "Isis sin velo" y "La Doctrina Secreta". Todos concuerdan también en que leer "La voz del silencio" puede cambiar para siempre a una persona.

Yo personalmente había leído desde muy temprano los libros de Helena y el primero fue "Isis sin Velo", del cual obtuve inclusive mis conocimientos rudimentarios de magia cuyos efectos eran fáciles de comprobar. Habiendo tenido que emigrar a Estados Unidos y pasar por el duro y largo proceso de reconstruir mi vida y la de mi familia como emigrante, casi dos decenas de años transcurrieron sin yo tener contacto con los escritos y las ideas de esta extraordinaria mujer.

Por eso fue una gran sorpresa para mi el que Helena Petrovna Blavatsky se me empezara a aparecer en sueños.

La primera vez, me veía yo mostrándole a mi hija Anabel un libro amplio y de gran tamaño, parecido a esas series que editaba la revista Time dedicados a un tema específico y que eran tan informativos, con fotografías y reportajes siempre interesantes. En mi sueño yo le mostraba a mi hija una foto a toda página de Madame Blavatsky, en su pose más conocida, en esa en que nos mira atentamente, con una mano debajo de la barbilla y le explicaba quien era ella.

Mi sueño había sido tan vívido, tan real, que al otro día, al recordar el evento, éste no me parecía un sueño en lo absoluto, sino algo que ciertamente había sucedido, un hecho real. Varias veces revisé los volúmenes en mi biblioteca, inclusive buscando una y otra vez en las series de libros editadas por la revista Time, sin poder encontrar el libro con la famosa foto de Madame Blavatsky a toda página que yo le había mostrado a mi hija. Empecé a pensar que yo había perdido ese libro y lo buscaba afanosamente por todos los armarios, libreros, estantes y rincones de la casa sin encontrarlo. Yo estaba totalmente desconcertado. Hasta que terminé reconociendo que se había tratado de un sueño.

Al día siguiente volví a soñar con Helena, pero esta vez me hablaba y me daba información especial, de la cual yo nunca había tenido noticia.

Entre las cosas que me comunicó Madame Blavatsky en este segundo sueño, me dijo textualmente que el fundador de los Testigos de Jehová, que en épocas anteriores se habían llamado algo como "Watch Tower", lo cual yo ignoraba y también me estaba informando ella en ese momento, había utilizado mediums, personas que canalizaban lo que le decían los espíritus para completar la edición de la versión de la Biblia que esa organización iba a usar o la interpretación de la misma que iban a emplear para estructurar sus doctrinas. Aclaro que yo no estoy seguro de haberme comunicado con la Sra. Blavatsky. Tan sólo estoy diciendo que la veía en sueños.

Al parecer, el fundador o los fundadores de los Testigos de Jehová, o "Watch Tower" no estaban conformes con la versión de la Biblia que estaba disponible, o con las interpretaciones de la misma generalmente aceptadas. Ya tenían noticia, como es hoy de conocimiento general, de que Ireneo y los Padres de la Iglesia en el siglo IV de nuestra era hicieron un trabajo de caprichoso "collage" con la Biblia, suprimiendo, incluyendo o editando evangelios según los dictados de su conveniencia política, declarando como "herejes" y persiguiendo a los que no compartían sus opiniones.

Al otro día, el recuerdo del sueño y de la información recibida me resultaba chocante y contrario a lo que yo creía que sabía, a lo que había oído y leído. Los Testigos de Jehová, hasta donde yo había tenido información, achacaban a cultos diabólicos y hechicerías maléficas cualquier obra de mediums u ocultistas. Si ahora yo podía comprobar de alguna manera que sus fundadores habían utilizado espiritistas para completar o interpretar su Biblia, todas sus doctrinas, su fanatismo actual y su bíblico literalismo resultaban ser una broma, sino fuera por lo patético, llamaban casi a risa.

Como que ya existía el Internet, procedí a tratar de comprobar las informaciones recibidas en mi sueño y me pude enterar de lo siguiente:

Charles Taze Russell (1852–1916) fundó en 1884 la organización denominada "Watch Tower Bible and Track Society" (que en español pudiera traducirse "Sociedad de los Caminos de la Atalaya"). El Sr. Russell era un personaje carismático capaz de inspirar a que las gentes lo siguieran y creyeran en él. En varias oportunidades hizo predicciones dramáticas sobre el fin del mundo que no se cumplieron pero nunca por eso sus seguidores quedaron desencantados. El nombre "Testigos de Jehová" no fue adoptado por la organización hasta 1931 cuando ya esta se encontraba bajo la dirección de Joseph Franklin Rutherford.

Tanto Charles Taze Russell como Joseph Franklin Rutherford aparentemente se consideraban a si mismos como mediums y utilizaban el método de convertirse en canales de comunicación e información, recibiendo según ellos a modo de dictado tomado de Dios y de los ángeles, interpretaciones especiales de la Biblia e instrucciones para el manejo del culto o la secta que dirigían. Además, es muy probable que recibieran la ayuda de mediums o personas con facultades psíquicas con el mismo fin.

La importancia de la mediumnidad para ellos, denominada también como "channeling" en idioma inglés, queda demostrada por el nombre con el que denominaron a su culto: "God's Channel of Communication", o sea, el canal de comunicación de Dios. Cuando aquello, no había televisión.

A mí nunca me interesaron particularmente los Testigos de Jehová, ni ninguna otra secta o denominación que se conforme con repetir pasajes de la Biblia. Por lo tanto, el haber recibido esta extraña información en un sueño era para mi algo por un lado sorprendente. Por otro lado, yo no le encontraba ningún sentido ni propósito.

Pasó una semana o a lo sumo diez días cuando voy por no se que motivo a visitar a mi amigo Miguel León y su familia en Coral Gables y me encuentro en la sala de su casa una animada y concurrida reunión dirigida por una señora que trataba de hacer proselitismo por los Testigos de Jehová. Precisamente llego en el momento en que la pobre señora dirigía acusaciones de pacto con el diablo a los creyentes en el espiritismo y la santería. Y entonces, sin poderme reprimir yo exclamo:

- ¡Pero si el fundador de los Testigos de Jehová usaba mediums para interpretar la Biblia!

—XIX—

LEVITACIÓN

"Desafiando la ley de gravedad"

Mi matrimonio ya ha tenido una duración de varias décadas. Mi señora, Nancy, desde niña tenía ocasionales episodios de clarividencia en los que veía a veces una mujer vestida de blanco flotando por la casa. Sus visiones fueron clasificadas, como es natural, como alucinaciones esquizofrénicas por los psiquiatras, que no saben otra cosa debido a su entrenamiento deficiente que aún ignora las realidades de los mundos espirituales que nos rodean.

Personalmente, yo fui por un tiempo Director de Finanzas de lo que fue una vez el Instituto de Psicología de Miami, que después se convirtió en una Universidad privada. Varios de los profesores, todos psicólogos de experiencia, cuando ya se sentían agotados bajo la presión de las clases y las consultas con sus pacientes, algunas veces venían a relajarse un rato a mi despacho y no podían evitar el comentar sobre las ocurrencias del día.

En ocasiones me hablaban de pacientes clarividentes, que podían ver a su alrededor los fantasmas de personas que habían abandonado el mundo físico, o que decían ver a veces hadas o espíritus de la naturaleza. Y de cómo ellos les habían recetado medicinas para curar sus nervios, para tratar de eliminar sus alucinaciones. Cuando me contaban algo como esto, mi reacción siempre fue de indignación inmediata:

- ¿Pero qué has hecho? ¿Cómo le vas a recetar medicinas a esa pobre infeliz porque puede ver el plano astral? Lo que esa joven puede ver, ¡no son alucinaciones! ¡Que disparate! ¿Que clase de porquerías leen Uds. en esos libros? Estas intoxicando el cuerpo de esa pobre mujer con productos químicos que no necesita para nada. La estás haciendo creer que está enferma, cuando lo que sucede en realidad es que ella puede ver lo que tú no puedes ver. ¡Qué horror! ¡Que barbaridad! ¡Como puedes hacerle eso a esa infeliz!

Los profesores no me respondían nada, no entraban en controversia conmigo. Se quedaban mirando al vacío por un rato, considerando lo que yo decía, quizás pensando que yo estaba loco, o quien sabe si rumiando que a ellos se les había ocurrido pensar lo mismo, pero su entrenamiento profesional los había obligado a seguir un protocolo preestablecido.

Cualquiera creería que después de estos exabruptos de mi parte, los profesores no querrían verme más la cara, que no me visitarían más en mi despacho. Pero no. Al otro día estaban de vuelta y conversábamos unos minutos sobre diversas cosas durante su descanso entre las clases y las consultas, como si no hubiera pasado nada. Llama la atención, de que entre los cientos de personas disponibles en la Universidad, vinieran a desahogarse conmigo. ¿Sería casualidad?

Volviendo entonces a mi mujer, ella sabía de siempre que tenía habilidades psíquicas, las que yo opinaba que debían ser de nacimiento, pero que ella consideraba herencia de su abuela por parte de padre. Sin embargo, mi mujer le tenía respeto, a veces claramente miedo, al mundo espiritual y trataba de mantenerse alejada de contactarlo, aunque a veces leía el Tarot a familiares, amigos y compañeros de su trabajo, o simplemente les sugería lo que debían de hacer para evitar algún infortunio que ella podía ver claramente en el porvenir de esas personas.

De paso aprovecho para decirles que no le recomiendo a nadie que tenga relaciones matrimoniales o simplemente sentimentales con personas psíquicas. Mi mujer siempre sabe lo que estoy pensando y sabe lo que estoy haciendo, no importa que se encuentre en la casa conmigo o que yo me encuentre de viaje a 200 millas de distancia. Esto, como todos pueden imaginar, no siempre puede resultar conveniente. De ahí que se diga por ahí que los psíquicos no tienen amigos.

Cuando era muy joven, mi mujer era visitada en sueños por un árabe llamado Ahmed, que la proveía de noches interminables de lujuria y sexo. El tal Ahmed nunca aprobó que ella después se casara conmigo, se lo reprochaba, le hablaba mal de mí y siempre trataba de probarle que era mejor amante que yo.

Posteriormente y pasada su primera juventud, mi señora tuvo una etapa digamos más seria, en que era visitada en sus sueños por un mago de turbante blanco y ropas del mismo color, una especie de *gurú* que hacía que ella lo acompañara a un templo impresionante y majestuoso, donde mi esposa recibía instrucción esotérica y de magia.

Hay un sueño recurrente de mi mujer que parecía más bien una memoria vívida y muy detallada de vidas anteriores, Ella se veía en el antiguo Egipto, a veces en un templo, otras veces en pasadizos bajo la tierra alumbrados por antorchas. En ese sueño ella era una sacerdotisa o una concubina que tenía que ser enterrada con el faraón que ya había muerto. A mí me veía como un sacerdote disfrazado con la careta del dios Anubis, ese que la mitología egipcia nos presenta con la cara de un chacal o de un perro. Es decir, no veía nunca mi cara, solo veía en mí al sacerdote vestido como el dios Anubis, que estaba encargado de sacrificarla, de tomar su vida en el altar de los sacrificios y ofrendarla. Aún sin ver mi cara, me reconocía, sabía que aquel sacerdote vestido como Anubis era yo. Y que estaba allí para llevarla a la muerte, a ser enterrada con el faraón recientemente fallecido.

Egipto. Balanceando las pesas, preparándose para la vida en el otro mundo

Al parecer, en vidas anteriores yo había estado a cargo de algunas tareas francamente desagradables, si vamos a tomar en serio los detallados y vívidos sueños de mi mujer.

Y por fin llegamos a lo que quería decirles. Varias veces, en medio de la noche, yo he visto a mi mujer levitar, o sea, estando dormida y acostada boca arriba, después de hacer extraños signos con las manos, ponerlas unidas delante de la cara en actitud de oración y en ese momento, como en trance, con ese movimiento gradual y automático que le hemos visto a los hipnotizados, levantar la parte superior del cuerpo sin esfuerzo alguno hasta quedar sentada.

Compréndase que mi mujer ya no es joven, y como nos pasa a casi todos con el transcurso de los años, ha aumentado algo de peso y ha perdido la energía de la juventud. Ella no puede sentarse en la cama sin apoyarse con ambas manos y hacer algún esfuerzo. Este movimiento de sentarse en la cama, estando dormida, con ambas manos en actitud de oración frente a su cara, lo llevaba a cabo en total ingravidez, como si hubiera perdido todo su peso físico y se moviera en espíritu.

Inclusive un atleta, una persona que se entrena todos los días para competencias de alto nivel, si levanta la parte superior del cuerpo sin ayudarse de las manos, tiene que tener alguien o algún aparato que le sujete los pies o las piernas. De esta forma basa el esfuerzo que tiene que hacer para levantar su torso en las extremidades inferiores. Si nadie ni nada le sujeta las piernas, al tratar de levantar el torso las piernas se mueven automáticamente, tratando de buscar apoyo y compensar el traslado de peso de un extremo a otro del cuerpo.

En el caso de mi señora, sin ser un atleta ni jamás hacer ejercicios físicos, ella levantaba la parte superior de su cuerpo como si pesara menos que una pluma, sin que hubiera reacción compensatoria de ningún tipo en las extremidades inferiores. En mi opinión, ella estaba llevando a cabo un acto de levitación.

—XX—

UNA CURACIÓN A DISTANCIA

"Un mantra que funciona"

La dictadura totalitaria de Fidel Castro, además de traer el infortunio y la miseria a toda la nación cubana, dividió las familias. Yo tuve la inmensa suerte de poder emigrar con mi mujer y mis hijos después de más de 15 años batallando para lograrlo, pero la hija que tuve en mi primer matrimonio todavía se hallaba en Cuba, esperando que le llegara su turno de salir del país con sus hijos después que yo pude completar los trámites de su reclamación.

En esos días yo me comunicaba con ella por correo electrónico a diario y me enteré de que su hija más pequeña, mi nieta, estaba teniendo problemas serios de salud. Por lo menos eso era lo que le informaban los médicos a mi hija, añadiendo que la niña era enfermiza—no salía de una enfermedad para entrar en otra—por tener una deficiencia de nacimiento en su sistema inmunológico. Mi hija estaba desesperada y no sin razón.

Varios años de estudios y lecturas de esoterismo no me habían preparado para una situación como ésta. Nunca me he visto a mi mismo como un curandero o un sanador de personas enfermas. Conozco personalmente a varias personas que son buenos haciendo eso, que tienen vocación y "mano" para curar a otros, pero siempre había pensado que ese no era mi caso.

En Cuba es muy común conocer o hasta tropezarse por la calle con gentes que son espiritistas, santeros, mediums o simplemente que pueden percibir a los demás. Cuando yo era un jovencito, una señora que acababa de conocer comenzó por decirme que yo poseía grandes facultades e inclinaciones psíquicas. Yo la miré incrédulo. Ella insistió:

- Tú sabes curarte a ti mismo. Tú te sabes curar solo.

Y esas pequeñas frases, dicha con tanta autoridad y confianza en si misma me dejaron pensando. Ella insistió:

- A ver, ¿Qué tú haces cuando te sientes enfermo?

Yo me puse a recordar lo que yo hacía y en ese minuto descubrí que yo efectivamente sabía curarme solo, pero no estaba consciente de que sabía hacerlo. Enseguida le respondí:

– Bueno, cuando me he sentido muy enfermo y con fiebre, salgo de la casa y me pongo a caminar bajo el sol por toda la ciudad, bien lejos, muy lejos, hasta que el agotamiento y el calor me hacen sudar copiosamente, termino por "sudar frío", eso que hago me cura, me saca la enfermedad del cuerpo.

Y ella comentó:

– Cura de caballo.

Y muy bien dicho. Mi sistema no podía ser más salvaje: curarme a través del esfuerzo y el agotamiento. Salvaje pero, en mi caso, efectivo. Me pregunto si algunos animales tendrán este mismo sistema. Inconscientemente, lo que yo hacía era llevar la fuerza vital en mí, que había sido debilitada y suplantada por la enfermedad, hasta el límite del desvanecimiento y al mismo tiempo llamarla, clamar porque regresara a tomar posesión del cuerpo y me sanara.

Otra vez, que aún siendo un muchacho se me había diagnosticado úlcera estomacal, yo le dije a mi madre que de ahora en adelante, desayuno, almuerzo y comida iban a ser solamente para mí purés de malanga con aceite de oliva. Mantuve esa dieta extrema durante dos meses hasta que sané mi úlcera estomacal.

Efectivamente, aquella señora tenía razón. Yo sabía curarme a mi mismo, pero nunca había probado, ni tratado siquiera de curar a nadie.

Y ahora sucedía esto con mi nieta. Mi hija estaba desesperada y yo no sabía que hacer para ayudarla. Lo primero que se me ocurrió hacer fue ir a ver a mi médico y contarle el problema. Mi doctor me preguntó la edad de la niña y me dijo que considerando casos similares que el había conocido, lo más probable era que la niña no sobreviviera.

Esta respuesta me sumió en una gran tristeza y desazón, yo quería poder ayudar a mi hija y a mi pequeña nieta y se encontraban distantes, en Cuba, donde el desastroso gobierno había desaparecido prácticamente toda la comida y todas las medicinas, en donde los hospitales se habían convertido en lugares insalubres con camas infectadas de sarna y en donde todos los salones de cirugía estaban gravemente contaminados. Los doctores y las enfermeras eran buenos, pero no podían hacer mucho. Yo había trabajado de contador y auditor en el Ministerio de Salud Pública de la isla y en algunos hospitales e Institutos de Salud durante muchos años antes de irme del país y conocía la pésima situación de la atención médica en Cuba perfectamente bien.

Entonces se me ocurrió que mi hija usara métodos de medicina alternativa. Le envié frascos con cápsulas de hierbas y productos naturales como Equinacia y Uña de Gato y también frascos de la Emulsión de Scott, todos estos remedios que refuerzan el sistema inmunológico. No satisfecho con eso le envié la descripción de un mantra para que se lo recitara con intenciones de encantamiento mágico todos los días al agua que le diera a tomar a la niña.

El mantra es el siguiente:

"Elemental del agua,
Criatura del agua,
Elemental del agua,
Criatura del agua,
Elemental del agua,
Criatura del agua,
Por el poder de Tetragrammon
Sed salud y fuerza del cuerpo de mi
hija Sheila."

La persona que recita el mantra debe articular tres veces la palabra sagrada A–U–M despacio, las tres letras emitidas *entonando la nota musical Sol.* En su pensamiento debe ver también la palabra sagrada escrita en sánscrito sobre un fondo azul.

Cuando cogemos una cantidad cualquiera de agua en un recipiente, en este caso en un común y corriente vaso de agua, estamos, por decirlo así, "atrapando" a un elemental, lo estamos separando del resto del agua y en cierta manera estamos empezando a individualizarlo. Lo tenemos ahí, a la vista, delante de nosotros, en el vaso de agua. Después de transcurridos millones de años de evolución y desarrollo, el ser humano tiene ya la fuerza mental y la energía psíquica para controlar y energizar a los elementales.

El mantra debe ser pronunciado con la total concentración del practicante de magia, mirando al vaso, con la boca cerca de la boca del vaso, dejando que su aliento toque el agua, haciendo vibrar cada una de las letras de la palabra sagrada. Las órdenes que se dan al elemental articuladas con fuerza y convencidos de que sabemos lo que estamos haciendo, con total fe de que vamos a poder ayudar al enfermo.

Por supuesto, la última línea del mantra puede ser sustituida según sea necesario. Por ejemplo, puede rezar: *"Sed salud y fuerza de mi cuerpo"* si simplemente el vaso de agua es para nuestro consumo y deseamos renovar nuestras energías, o si estamos enfermos y queremos ayudarnos nosotros mismos.

Desde mi casa en Miami yo también hacía meditaciones sobre mi nieta Sheila y le enviaba emocionados elementales de amor y salud. Mi hija continuó pacientemente con el tratamiento, poniendo mucha fe en las medicinas que le envié y repitiendo los mantras. Como resultado de todo esto, la salud de su niña empezó a mejorar y en unos meses mi nieta se había recuperado.

Recuerdo que mi hija repetía la palabra: "Increíble".

Cuando una curación de este tipo se hace realidad, los médicos siempre dicen que el diagnóstico inicial había sido equivocado. Es la salida normal que tienen. Está bien. Es cierto que el diagnóstico inicial puede haber sido un error. No importa.

Lo importante es que la curación se produjo. He conocido casos de tumores cerebrales terminales, personas dadas prácticamente por muertas que se han curado por intervención de fuerzas aparentemente sobrenaturales o milagrosas y la respuesta de los médicos siempre fue la misma: el diagnóstico había estado equivocado. Aunque ese diagnóstico haya sido repetido varias veces, segundas y terceras opiniones consultadas, no importa, esa es la única respuesta. Esta bien, vamos a suponer que lo aceptamos. Pero nuestra pregunta no es esa. Nuestra pregunta es:

¿Se hubiera curado la niña sin los mantras, sin las hierbas y sin tomar la emulsión de Scott para reforzar su sistema inmunológico? Nunca lo sabremos ni nos interesa ya saberlo. Solo sabemos que se curó. Y en caso de que este mantra funcione, aquí les entrego a los lectores no sólo el mantra, sino la forma de pronunciarlo. La magia se lleva a cabo con total convicción, con fe a toda prueba y acompañada de un sentimiento fuerte: la emoción de ayudar a otro ser.

Buena suerte.

—XXI—

CONTACTOS ASTRALES A DISTANCIA

"Comunicación astral originada por el Internet"

"Nunca creas algo solamente porque lo has oído decir. No creas en algo simplemente porque muchos lo repiten o lo murmuran. No creas en algo porque esté escrito en los libros sagrados. Tampoco creas en algo meramente porque te lo dice la autoridad de tus mayores y de tus maestros. No creas en las tradiciones porque vengan de nuestros antepasados. Solamente después de la observación y el análisis, cuando encuentres que algo es razonable y conduce al bien de uno y de todos, entonces acéptalo y vive tu vida de acuerdo con eso".

Príncipe Sidarta Gautama (Buda).

"I am a mother of two, full time student" empezó por decir ella, como el vecino que primero que todo levanta una cerca alrededor de su propiedad para demarcar límites, como quien te advierte que no tiene tiempo para perderlo en tonterías, o como quien coloca un espantapájaros para ahuyentar a lobos solitarios que buscan compañía y amor usando el Internet, pero también como alguien que antes de empezar te restriega por la cara su verdad personal, gústele a quien le guste.

Yo me había registrado en el website de Blavatsky–Net ya ni me acuerdo porqué ni cómo, pero sin participar disfrutaba leyendo las elucubraciones esotéricas y a veces pseudo-científicas de los regulares del lugar, que siempre parecían ir más allá de los enfoques tradicionales, algo que yo encontraba siempre muy divertido.

Un día me dio por tener una participación más activa y se me ocurrió preguntar si a alguien se le ocurría como solucionar el problema de la población y la reencarnación. Como es sabido, la población del mundo se mantiene creciendo a ritmo exponencial, ya somos más de seis mil millones de humanos y cualquier persona honrada termina preguntándose en que cuerpos físicos pueden haber encarnado previamente los miles de millones de nuevas almas, donde adquirieron experiencia anterior de vida física, con que cuerpos, ya que es primera vez que el planeta tiene una población humana tan numerosa, como muestran muy claramente los minuciosos estudios arqueológicos.

Las regresiones mediante hipnosis y otros métodos que se volvieron tan populares en todo el país de Estados Unidos después de que el Dr. Brian Weiss, del Hospital de Mount Sinaí en Miami Beach publicara sus libros, parecían demostrar que en todos los casos las vidas anteriores de los diferentes casos individuales estudiados habían transcurrido durante los últimos 10,000 a 12,000 años, es decir, precisamente durante el período de historia conocida.

En ningún caso o en muy raras ocasiones un estudio de regresión serio mostraba vidas anteriores transcurridas en las llamadas "civilizaciones perdidas" mencionadas en las tradiciones ocultistas, como la Atlántida, Lemuria o el perdido continente de Mu. Sólo en casos aislados de regresiones el sujeto recordó una vida anterior en el reino animal. Es decir, prácticamente en todos los casos, los individuos habían tenido múltiples vidas precedentes que transcurrieron en el período histórico conocido, habían vivido como seres humanos y las matemáticas parecían demostrar que esto no era posible, ya que no habían existido suficientes cuerpos físicos para que todas las almas tuvieran múltiples vidas físicas en dicho período.

Dicho de otra manera, unos pocos millones de almas no parece que puedan convertirse en más de seis mil millones en relativamente poco tiempo, y próximamente seremos mas de nueve mil millones. (2) Acepto que el curso de mis razonamientos al respecto puede estar equivocado. Los invito a que ustedes mismos analicen los gráficos y estadísticas poblacionales que detallo al final de este capítulo y saquen sus propias conclusiones al respecto.

La pregunta es válida y creo que, tratándose de números, la respuesta sólo puede sustanciarse con matemáticas, quizás introduciendo el factor de que la esperanza de vida (1) ha sido diferente en otras épocas. Quizás de otras maneras, como proponiendo que los casos de regresión están realmente teniendo acceso no a una vida anterior del paciente investigado, sino a la memoria colectiva de la humanidad o a la memoria genética, o a una combinación de las dos. Otras personas prefieren opinar que estamos recibiendo continuamente grupos de almas de otros planetas, Las regresiones no respaldan ésta última teoría.

Sin embargo y para mi desilusión, de inmediato recibí respuestas airadas de decenas de participantes en el Blavatsky-Net que parecían considerar un sacrilegio imperdonable que se pusiera en duda su dogma de la reencarnación.

Mis admirados estudiantes de ocultismo se habían convertido en reaccionarios evangelistas. Mi respuesta de que el verdadero ocultista nunca puede ser dogmático sino todo lo contrario, que debe cuestionar y tratar de comprender por sí mismo cada teoría, no consiguió amainar la tormenta.

De varios países recibí respuestas, inclusive de un señor de la India que según aseguraba acababa de venir de un largo viaje al centro del universo (¿?) en su cuerpo astral, el cual le había tomado no más de cincuenta minutos, para encontrarse mis irrespetuosos comentarios en la pantalla de su monitor.

Yo contesté algunos de los correos electrónicos lo mejor que pude, pero mis respuestas no hacían sino agravar y complicar la discusión. Aunque estoy retirado, llevo desde mi casa la contabilidad y los impuestos a más de 50 empresas. La participación en Blavatsky–Net, aunque muy interesante, estaba provocando que descuidara mi trabajo y que éste se atrasara hasta el punto de ya no tener remedio.

Decidí entonces cancelar mi suscripción a Blavatsky–Net, no continuar participando de este foro de discusiones. Me llevaba demasiado tiempo y si me mantenía suscrito iba a leer los correos y sería nuevamente tentado a contestar y enredarme en nuevas discusiones. No era posible para mí.

Pasaron unos días después de mi cancelación, como estaba previsto dejé de recibir los correos de Blavatsky–Net, las cosas se habían ya tranquilizado, cuando recibo este correo electrónico interesante de la que después se fue convirtiendo en mi amiga H.B. El "email" recibido de ella era largo y tenía un tono profesoral, considerando metódicamente cada punto para terminar diciendo que había leído mis escritos en Blavatsky-Net y algunas de mis respuestas en la controversia y que prefería mi enfoque de dudar y analizar toda teoría antes de aceptarla. Por el tono de la carta electrónica, mi primera impresión fue que se trataba de una profesora universitaria de Psicología.

Yo le contesté agradeciéndole su apoyo y mi nueva conocida me responde con un correo electrónico ya mucho más privado donde comparte generosamente íntimas experiencias personales en los mundos invisibles. Enseguida me estaba percatando de que del otro lado de las fibras ópticas se había asomado un espíritu muy especial.

Ya no recuerdo como la conversación electrónica devino en enfocarse en comunicaciones astrales a distancia. En definitiva, yo terminé diciéndole a mi amiga que estaba bien, que si le parecía podíamos fijar una hora para tratar de comunicarnos astralmente. Le sugiero que si a ella le parece conveniente, todos los días, a las once de la noche, nos ponemos en actitud de meditar y nos concentramos en comunicarnos astralmente el uno con el otro. Le sugiero esto en mi último correo electrónico, pero no habíamos llegado aún a ningún acuerdo de llevar nada a cabo, y yo estaba esperando por la respuesta de mi amiga para empezar nuestras "sesiones" de comunicación.

Esa noche, termino de enviar mis "emails" y ya muy cansado de todo el día trabajando en la contabilidad de varios clientes, me siento en el sofá de la sala, enciendo el televisor y me pongo a buscar alguna buena película entre todos esos canales de la televisión digital con la idea de entretenerme un poco y sacar mis pensamientos de tanto trabajo antes de ir a dormir.

Pero no hago más que sentarme y siento llegar astralmente a mi amiga H.B. La veo aproximarse a mí como en un óvalo de niebla que se me acerca y me trae a la vez un potente elemental de amor, una presencia cargada de emoción. Esa noche me mantuve un tiempo "conectado" con mi amiga a través del plano astral, intercambiando con ella de manera muy íntima un fuerte sentimiento amoroso que yo no me había esperado.

Al día siguiente, se acercan las once de la noche y esta vez sí, me siento tranquilo en mi oficina, apago las luces y trato de comunicarme con mi amiga H.B. Para mi sorpresa total, de tan sólo pensar en hacerlo, un fuerte sentimiento de atracción sensual me posesiona. Yo me detengo. Esta no era la finalidad de los proyectados encuentros astrales. ¿Cómo es posible que esto esté sucediendo? Yo no conozco a H.B. personalmente. No hemos conversado electrónicamente más que de temas de teosofía y ocultismo. ¿De dónde sale esta fuerte atracción física? ¿Qué puede haberla provocado?

Todas esas preguntas me llenaron la mente de inmediato. Respiré profundo y comencé de nuevo a tratar de conectarme astralmente con mi nueva amiga y la sensación de fuerte atracción física y emocional hacia ella regresó de inmediato.

Al otro día puedo comunicarme con ella a través del Internet y le cuento lo que me sucedió. Ella con toda honestidad me dice que le pasó exactamente lo mismo y que tampoco lo comprende. Que ella también se detuvo, "held back" me dijo, sorprendida por la fuerza de la atracción. Que también a ella era primera vez que le sucedía algo parecido. Decidimos entonces hacer otra prueba. Tratar de escoger un símbolo para yo comunicárselo a mi amiga mentalmente, a ver si ella lo podía recibir.

Al día siguiente le escribo a H.B. para sugerirle un símbolo y ella me contesta que se ha pasado todo el día viendo el disco de un sol brillante delante de ella. Aunque cierre o abra los ojos, el disco brillante del sol ha estado delante de sus ojos todo el día. H.B. quiere saber a que se debe y porque yo estoy pensando en el sol.

Le explico que desde ayer yo estaba escribiendo el primer capítulo de este libro titulado como ya ustedes saben: "Mirando al sol de frente". Mi amiga H.B., viviendo al norte de Tampa en la Florida, había podido recibir la imagen del sol trasmitida por mi mente desde Miami. Y esto sin ella ni yo habérnoslo propuesto hacerlo todavía. Sucedió y nada más. Estoy convencido de que ella tiene la facultad de recibir pensamientos y emociones a distancia y que lo hace con relativa facilidad.

En esos días y los que siguieron, yo pude percibir o ver como era mi amiga H.B. física y espiritualmente. Le conté en correos electrónicos lo que yo veía de ella desde acá sobre su físico y su forma de ser y ella estaba muy divertida confirmando que todo lo que yo había visto era cierto.

Semanas más tarde, yo estaba tranquilo en la sala de mi casa cuando veo llegar a una joven delgada moviéndose muy animadamente. Se da media vuelta, se arregla el abundante cabello con un gesto muy femenino y me mira, de inmediato la visión desaparece. Más tarde le comunico a mi amiga que la pude ver, le describo como estaba vestida y ella, muy divertida, lo confirma todo, Me dice que a esas horas había estado pensando en mí.

Enseguida decidimos colaborar en la publicación de algunos libros, ayudándonos mutuamente con las traducciones y revisiones de nuestros escritos. A través del Internet y con la ayuda de las comunicaciones astrales, he encontrado una nueva y magnífica amiga, inteligente, talentosa, sensitiva y espiritual.

Recordemos todos ahora de que yo recibo la primera comunicación de H.B. varios días después de haberme borrado de Blavatsky-Net. Si ella hubiera contestado, como es requerido de los miembros, a través del website, yo no hubiera recibido su carta. H.B. me escribió directamente a mi dirección de correo electrónico violando el protocolo sugerido en Blavatsky-Net. Era la única manera en que yo hubiera podido recibir su carta. Realmente, las probabilidades de que mi amiga y yo nos conociéramos hay que calcularla como de una entre varios billones.

Gracias al Internet se produce a todas horas un intercambio de ideas entre los seres humanos de todo el planeta que tiene la virtud de acercarnos a todos cada vez más.

(1) Efectivamente, introduciendo el factor de la esperanza de vida, los cálculos matemáticos muestran una cantidad de cuerpos físicos disponibles sorprendentemente alta. Por ejemplo, si utilizamos una esperanza de vida de 10 años entre 10,000 AC y 8,000 AC, tendríamos en esos dos mil años alrededor de 200 mil millones de cuerpos físicos disponibles.

La esperanza de vida se mantiene subiendo con los adelantos científicos y la mejorada higiene, pero aun en nuestros días, en países como Zambia es de solo 33 años, Mozambique 39 años, Zimbabwe 39 años.

Debido a las enfermedades y las epidemias, la falta de higiene y de cuidados médicos, la enorme cantidad de muertes en el momento del parto, las guerras, el canibalismo, los sacrificios humanos, los desastres naturales y otros factores, la esperanza de vida en el mundo antiguo era extremadamente baja. En el antiguo Egipto, donde había cierto nivel de civilización, se estima en menos de 20 años.

(2) Estimados históricos de la población mundial.
    Tomados del U.S. Census bureau.
    Los números de la población se muestran en millones de habitantes.
    1 = 1,000,000 de personas.

Year	Summary		Biraben	Durand		Haub	McEvedy & Jones	Thomlinson		UN, 1993		UN, 1999	USCB
	Lower	Upper		Lower	Upper			Lower	Upper	Lower	Upper		
-10000	1	10					4	1	10				
-8000	5					5							
-6500	5	10								5	10		
-5000	5	20					5	5	20				
-4000	7						7						
-3000	14						14						
-2000	27						27						
-1000	50						50						
-500	100						100						
-400	162		162										
-200	150	231	231				150						
1	170	400	255	270	330	300	170	200		200	400	300	
200	190	256	256				190						
400	190	206	206				190						
500	190	206	206				190						
600	200	206	206				200						
700	207	210	207				210						
800	220	224	224				220						
900	226	240	226				240						
1000	254	345	254	275	345		265					310	
1100	301	320	301				320						
1200	360	450	400			450	360						
1250	400	416	416									400	
1300	360	432	432				360	400					
1340	443		443										
1400	350	374	374				350						
1500	425	540	460	440	540		425					500	
1600	545	579	579				545						
1650	470	545				500	545	500		470	545		
1700	600	679	679				610	600					
1750	629	961	770	735	805	795	720	700		629	961	790	
1800	813	1,125	954				900	900		813	1,125	980	

Year	Summary		Biraben	Durand		Haub	McEvedy & Jones	Thomlinson		UN, 1993		UN, 1999	USCB
	Lower	Upper		Lower	Upper			Lower	Upper	Lower	Upper		
1850	1,128	1,402	1,241			1,265	1,200	1,200		1,128	1,402	1,260	
1900	1,550	1,762	1,633	1,650	1,710	1,656	1,625	1,600		1,550	1,762	1,650	
1910	1,750											1,750	
1920	1,860											1,860	
1930	2,070											2,070	
1940	2,300											2,300	
1950	2,400	2,557	2,527			2,516	2,500	2,400		2,486		2,520	2,557

Fuentes de los estimados de la Población Mundial:

Biraben, Jean-Noel, 1980, An Essay Concerning Mankind's Evolution, Population, Selected Papers, December, table 2.

Durand, John D., 1974, "Historical Estimates of World Population: An Evaluation," University of Pennsylvania, Population Center, Analytical and Technical Reports, Number 10, table 2.

Haub, Carl, 1995, "How Many People Have Ever Lived on Earth?" Population Today, February, p. 5.

McEvedy, Colin and Richard Jones, 1978, "Atlas of World Population History," Facts on File, New York, pp. 342-351.

Thomlinson, Ralph, 1975, "Demographic Problems, Controversy Over Population Control," Second Edition, Table 1.

United Nations (UN), 1973, The Determinants and Consequences of Population Trends, Population Studies, No. 50., p.10.

United Nations, 1999, The World at Six Billion, Table 1, "World Population From" Year 0

to Stabilization, p. 5, *http://www.un.org/esa/*
population/publications/sixbillion/sixbilpart1.pdf➡

U.S. Census Bureau (USCB), 2006, "Total Midyear
Population for the World: 1950-2050",

Data updated 8-24-2006, *http://www.census.*
gov/ipc/www/worldpop.html₩

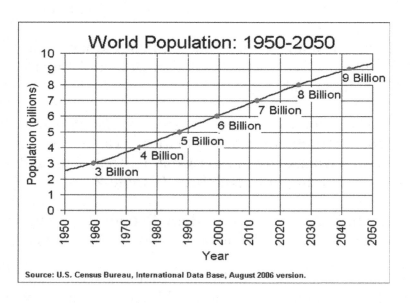

World Population: 1950-2050

Source: U.S. Census Bureau, International Data Base, August 2006 version.

Intermedio

Esta sección inicial del libro no se ha terminado de escribir.

Mi vida continúa y las experiencias sobrenaturales o paranormales pueden suceder día tras día. Les prometemos que cualquier edición futura de este libro incluirá las narraciones de nuevas experiencias de este género que puedan resultar interesantes o que la interpretación de las mismas pueda ayudarnos en el conocimiento de los planos superiores de conciencia y su relación con el género humano.

Para completar este libro incluimos a continuación un análisis de algunos temas y conceptos que consideramos trascendentales para la comprensión de la teosofía y el ocultismo.

La lista de estos temas es la siguiente:

La ley de Karma.
Reencarnación y Transmigración.
Meditación.
Bodas de Canaán—Significado Oculto.
Significado Oculto del Caduceo.
El calderón de las Brujas. Lo que realmente es.
Resumen del Credo de los Ocultistas.
Origen del Secretismo
     Porqué las Sociedades Ocultistas Eran
      Secretas
Fin de las Persecuciones
     El Comienzo de Una Nueva Era
     La Revolución Francesa

El ocaso de la religión judía en Occidente
El Islam. Peligro inminente para
nuestra civilización y
Sociedades y Organizaciones Esotéricas
Facilitando el Estudio del Ocultismo
Los Rosacruces
La Sociedad Teosófica
La Francmasonería
La Orden Hermética del Amanecer Dorado

Lista de Libros Sugeridos

—XXII—

LA LEY DE KARMA

"Ley Universal de Acción y Reacción"

La ley de Karma es la ley universal de acción y reacción que determina las relaciones entre los seres y el curso de su evolución y se corresponde en el plano de la conciencia con la tercera ley de Newton, la ley física de acción y reacción, la que se refiere al comportamiento de los objetos en el mundo físico.

Y ahora pasamos a explicar como funciona la Ley de Karma de una manera muy sencilla y con un ejemplo que todo el mundo entienda:

Para beneficiarse personalmente, Juan traiciona a Pedro, provoca su ruina y destroza su vida.

197

Con estas acciones, Juan ha quedado unido kármicamente a Pedro, le debe personalmente una compensación por todo el mal que le hizo. Adicionalmente, Juan se ha creado para si mismo una relación kármica con el mundo en general. Según parece, Juan para progresar en su vida y obtener beneficios utiliza el método de aplastar a sus semejantes. En lo adelante, Juan va a ser una especie de imán que atrae a su vida personas traicioneras y egoístas que se comportan de la misma manera que él ha sido con Pedro. Juan va a ser entonces la víctima de traiciones y atropellos semejantes a los que él llevó a la práctica con Pedro. Las cosas se hacen cada vez mas difíciles para Juan, el cual tiene que pagar su deuda a Pedro, pero también tiene que aprender a vivir sin perjudicar a otros para superar esta relación kármica que el mismo se ha creado.

Las relaciones kármicas que un individuo crea con sus acciones y decisiones, en tanto éstas afecten su vida y sus relaciones con el mundo y con otros seres, pueden no quedar satisfechas en el curso de una sola existencia y necesitar en cambio varias vidas sucesivas para resolverse.

La ley de Karma puede explicar las dificultades que una persona confronta, inclusive impedimentos físicos o mentales que pueda tener desde su nacimiento. Terribles desgracias e infortunios que pueden ser vistos como injusticias de la providencia y que desconciertan a los creyentes de muchas de las religiones del mundo, los cuales acusan a su Dios de ser cruel o injusto, cuando se ven en el contexto de varias vidas y las relaciones kármicas que vienen de mucho antes, empiezan a tener sentido.

Igualmente la ley de Karma nos brinda una explicación lógica cuando sucede todo lo contrario, cuando un individuo tiene, sin razón aparente, extraordinarias facultades, talentos especiales, amor, felicidad y hasta le es relativamente fácil hacer o tener dinero. Es evidente que todo esto se debe a que esta persona se ha creado en vidas anteriores, o aún en esta existencia y con sus esfuerzos, un Karma muy favorable que lo ayuda ahora a vivir en mejores condiciones.

Entiéndase que la energía de carácter moral creada con nuestras acciones, nuestras emociones y nuestros pensamientos no se disipa sin antes ser naturalmente compensada. Debido a que esta compensación se lleva a cabo en el plano de la conciencia, no tiene que tener lugar de inmediato y puede tomar siglos para que suceda. Precisamente, el principal error de nuestra ciencia actual, aún en el Siglo XXI, es que continúa sin comprender que la conciencia es una forma de energía, en este caso podemos llamarla energía consciente y las acciones del ser humano, sus emociones y pensamientos generan también energía, que sin ser muchas veces energía física, no deja de tener repercusiones en nuestro plano, como se hace evidente en las enfermedades psicosomáticas, es decir enfermedades en el cuerpo físico originadas por las emociones y la mente.

Las relaciones kármicas también pueden ser disueltas mediante la comprensión y el amor. El perdón profundo, emocionado y sincero puede también librarnos de penosas ataduras kármicas.

No todas las acciones del individuo tienen por consecuencia una reacción kármica. En el curso de su evolución, todos los seres terminan por adquirir la sabiduría que trasciende las relaciones kármicas, sabiduría que les permite actuar con desprendimiento de la conciencia, sin esperar ni recibir retribuciones por sus acciones, simplemente actuar por actuar, por hacer lo que debe de hacerse, pero sólo esto, sin estar realmente involucrado.

Aquí también es muy fácil malinterpretar lo que estamos diciendo. Un ser sabio y evolucionado, un espíritu que ha aprendido en el curso de muchas vidas a trascender las relaciones kármicas, no por eso se vuelve indiferente al dolor y las necesidades de otros. Todo lo contrario, la comprensión y la compasión se tornan infinitas y abarcan a todos los otros seres. La mayoría de las acciones de los seres elevados son motivadas precisamente por la compasión.

Por lo general, las almas que se han relacionado en vidas anteriores, vuelven a encarnar "en grupo", continuando una relación que se pierde en el pasado ignoto de milenios precedentes. Es muy común que las personas que en esta vida son marido y mujer, hayan sido padre e hija, o madre e hijo, hermanos o familiares cercanos en una vida anterior. La química instantánea que surge inexplicablemente entre dos personas al verse y conocerse por primera vez, muchas veces se explica porque ambos individuos se relacionaron en vidas previas e instintivamente se recuerdan mutuamente. Naturalmente, esto no es así en todos los casos. La afinidad entre dos personas puede provocar la misma reacción, cuando gustos, preferencias y coincidencias en la percepción del mundo son descubiertos.

La comprensión cabal de la Ley de Karma es fundamental, Nos ayuda a tener una visión del mundo más completa e integral. Todos nos volvemos mejores como personas cuando comprendemos que las consecuencias de nuestros actos pueden nunca tener fin.

—XXIII—

REENCARNACIÓN Y TRANSMIGRACIÓN

"En que consiste, porqué y como se produce"

"Así como una persona cambia sus ropas viejas por nuevas, desechando las vestimentas viejas, el alma similarmente acepta un cuerpo nuevo, dejando a un lado el anterior por viejo e inservible".
Bhagavad-Gita—Capitulo 2—Texto 22.

La reencarnación consiste en el regreso de la conciencia eterna del ser al mundo material, encarnando en un nuevo vehículo físico de su misma especie para comenzar una existencia a la que es compelido por la ley natural de la evolución y por las relaciones kármicas que se ha creado para sí en existencias anteriores.

Al nacer, el ser humano se encuentra limitado seriamente por las condiciones específicas de la familia, la raza y la nación en que vino al mundo. Solamente los espíritus o las conciencias más avanzadas en su sendero individual logran superar estas limitaciones y trascenderlas, manifestándose como hombres y mujeres con una conciencia universal.

El hombre o la mujer modernos que físicamente vemos en nuestros días es el resultado de la evolución humana a lo largo de millones de años. Las diferencias son totalmente obvias cuando comparamos el cuerpo físico y las facciones de un ser humano ya refinado por la evolución con un hombre primitivo o salvaje que aún puede encontrarse en regiones apartadas de Australia o del África. Esto es un hecho evidente e innegable y es el resultado de la evolución. No es una demostración de insensibilidad para con el hombre más primitivo o salvaje. Todo lo contrario, el ser humano al evolucionar adquiere la responsabilidad de velar por sus hermanos menos avanzados en el sendero evolutivo.

Igualmente y al mismo tiempo que el físico de la raza humana se fue perfeccionando y adaptando a las condiciones imperantes, en forma paralela se desarrollaba la evolución de la conciencia. En realidad y aunque la evolución física y la de la conciencia se corresponden y afectan mutuamente, es la evolución de la conciencia la que termina dictando el derrotero de la evolución física. Para los que lean esta afirmación y tengan dudas al respecto, imaginen que hay necesidad de hacer una vivienda y los ladrillos y demás materiales están ya allí, esperando para ser utilizados. Si no hay una conciencia que tome la decisión y lleve a cabo las acciones para usar los materiales y fabricar la casa, los ladrillos van a permanecer apilados por el resto de la eternidad. Siempre es la conciencia la que decide el curso que toma la materia.

Según la conciencia acumula experiencias por milenios, evoluciona y se torna más y más sofisticada, los sentimientos, emociones y pensamientos son igualmente de carácter cada vez más sofisticado y sutil, requiriendo y provocando el sucesivo refinamiento de los vehículos o cuerpos físicos, del cerebro, de los sentidos como la vista, el olfato y el oído, del sistema muscular y nervioso y claro, de los vehículos o cuerpos etérico, astral y mental de cada ser humano. En otras palabras, el componente "inmaterial" (o de materia mas sutil) del ser humano, si se quiere decir así, su "alma" ya más refinada, requiere igualmente de un cuerpo o vehículo físico cada vez más sofisticado para poder expresarse. Este es el mismo proceso evolutivo que tiene lugar en la naturaleza para todas y cada una de las especies y el ser humano no es una excepción.

De esta manera, la conciencia individual, el "ego", el ser superior de cada uno de nosotros, el "espíritu", nuestra chispa divina individual, nuestro Dios interno, (diferentes nombres para la misma cosa), logra personarse cada vez mejor, expresarse, manifestarse en el mundo físico (así como en los planos de las emociones y los pensamientos, astral y mental) utilizando vehículos que progresivamente responden cada vez mejor a lo que es su esencia intemporal.

Un violinista excepcional puede hacer sonar un violín rústico o un instrumento de juguete. Pero para expresar cabalmente su arte prefiere y escoge un violín Stradivarius.

La Cualidad Principal

A través de sucesivas existencias en el mundo material la conciencia pasa por multitud de experiencias en la búsqueda de su completa realización como ser humano perfecto, aventura que comienza a ciegas, totalmente desorientada y engañada por las apariencias, sus energías totalmente dedicadas a la lucha feroz por la supervivencia. Las sucesivas encarnaciones confrontan al "ego" o conciencia eterna que reencarna con situaciones que debe solucionar y superar fomentando el valor y la confianza en si mismo. En esta etapa de nuestra evolución, ha sido el valor la cualidad principal a desarrollar.

El hombre primitivo o salvaje vive en constante miedo y rodeado de peligros, pero después de incontables milenios se civiliza y aprende a dominar el ambiente que lo rodea con iniciativa, imaginación y valentía. No importa el camino que cada ser humano elija, o al cual se sienta atraído, ya sea el arte, la ciencia, la religión, los negocios o la política, en todos los senderos el reto es siempre enfrentar cada nueva situación con valor y determinación.

Una vez que la valentía se hace presente, la siguiente cualidad a desarrollar por el género humano es la compasión.

Desintegración de la Personalidad

Para mejor comprensión de cómo verdaderamente funciona el proceso de la muerte y la reencarnación, es conveniente aclarar que después de fallecer el cuerpo físico, los cuerpos astral y mental inferior del ser humano (que si se quiere vienen a conformar "el alma" del fallecido) terminan también disipándose pasado un tiempo y es tan solo la conciencia, el ego individual (o si se quiere "el espíritu") lo que reencarna.

En términos bien simples, tomemos el ejemplo de un ser humano cualquiera, digamos que su nombre es Juan Pérez. Nuestro amigo Juan fallece y por un tiempo después de haber muerto físicamente conserva todavía su "alma", es decir sus vehículos astral y mental, compuestos de materia-energía de los planos de las emociones y los pensamientos. El tiempo que la persona que ha desencarnado permanece en el plano astral, varía con cada individuo, pero ya se trate de décadas o siglos, el cuerpo astral y mental termina también disipándose, de forma que la conciencia queda entonces liberada para asimilar las experiencias de la vida anterior y prepararse a reencarnar de nuevo.

En el proceso de regresar al mundo material, la conciencia vuelve a rodearse de materia de los planos mental y astral, creando nuevos vehículos en estos planos antes de tomar un cuerpo físico y "nacer" con una personalidad enteramente nueva, que responde también a las condiciones particulares de familia, raza y nación en que comienza su nueva vida material.

En otras palabras, aquella personalidad de Juan Pérez en realidad murió y no volverá jamás a repetirse. El cuerpo físico se corrompe y sus vehículos en los planos astral y mental terminan por disiparse. Es solamente la conciencia, el "ego", la chispa divina individual, el espíritu del ser lo que reencarna y esto lo hace tomando vehículos compatibles con su nivel evolutivo, pero nuevos y diferentes; los que tuvo en su vida anterior, no existen ya.

La práctica de quemar el cuerpo físico del fallecido que existe en la India y otros muchos países, busca en realidad y a propósito acelerar el proceso de disipación del cuerpo astral para liberar el "ego", espíritu individual o conciencia reencarnante lo antes posible. Por lo contrario, la momificación de los egipcios perseguía la perpetuación de la personalidad. Los sacerdotes sabían que mientras más tiempo el físico se conservara, el "ba" (doble etérico o cascarón astral) y el "ka" (vehículo astral y mental) se mantendrían de cierta manera atados al mismo.

Excepciones de la Regla

La disipación o desintegración de la personalidad no sucede exactamente así en todos los casos. En el caso de niños que fallecen de muy pequeños y también en algunos casos de personas que mueren en la guerra o víctimas de accidentes o desastres, la reencarnación sucede casi de inmediato y sin darle tiempo a la conciencia de disipar los vehículos astral y mental. En estos casos, se da frecuentemente el hecho de que el reencarnado conserva una memoria de la reciente vida que fue bruscamente truncada.

Otra excepción de la regla es el caso de las entidades, instructores o potencias planetarias que toman un cuerpo humano para manifestarse en el plano físico y trasmitir un mensaje a la humanidad, lo que se conoce también con el nombre de un "avatar". Es totalmente obvio y fácil de comprender que una entidad de esa índole no tiene necesidad de perder el tiempo en la niñez o esperando a que el cuerpo humano adquiera la madurez y plenitud necesarias. En esos casos, un discípulo avanzado y compatible de ese Maestro es el que encarna y posteriormente brinda su cuerpo y personalidad para que la entidad superior lo utilice en su misión.

Transmigración

La transmigración consiste en el traspaso de la conciencia a un vehículo que pertenece a una evolución diferente o a un grado de evolución que no se corresponde con el nivel que la conciencia ya ha logrado a través de milenios. La transmigración se trata de que la conciencia de un hombre pase a animar la vida de un animal o un vegetal, por ejemplo, y es conocida también como "metempsicosis". Pero la transmigración sucede también cuando un ángel decide tomar un cuerpo humano o la conciencia de un ser humano se incorpora a la evolución de los ángeles.

Los casos de trasmigración o metempsicosis son extremadamente raros y pueden ser considerados aberraciones de la evolución quizás debidas a extremas condiciones kármicas, excepto los casos de intercambio entre la evolución de los ángeles y la de los hombres que se llevan a efecto por motivos altruistas o de índole parecida.

Reencarnación de los Animales

Los animales, tantas veces compañeros y amigos fieles que nos ayudan a hacer más llevadero el duro viaje con su cariño y su lealtad a toda prueba, también reencarnan. Los animales al abandonar su cuerpo físico regresan por lo general a una mónada o alma colectiva que los acoge entre una y otra vida. La mónada o alma colectiva se deja ver con más claridad en el caso de las colmenas de abejas o nidos de hormigas donde todos y cada uno de los miembros carece de verdadera individualidad y una sola mente o voluntad dirige el conjunto de todos los insectos.

Pero esto no sucede así con los animales mas evolucionados espiritualmente como es el caso de los animales domésticos. El contacto de estos animales con sus dueños humanos durante miles de años los ha ido individualizando hasta el punto de que todos muestran personalidades muy marcadas y diferentes. Todo el que se ha compenetrado con un animal doméstico sabe esto: no hay dos ni lejanamente iguales. En este sentido, se parecen cada vez más a nosotros.

Los animales terminan su evolución como tales y se separan ya permanentemente de su mónada o alma colectiva a través del amor, la lealtad y el sacrificio que dirigen con infinita devoción hacia su dueño.

Este momento mágico de la individualización de un animal, está simbolizado en tradiciones de todos los rincones del mundo, reflejadas en decenas de cuentos infantiles, novelas, famosas obras de danza y composiciones musicales. De todos son conocidas las historias que nos narran como el beso mágico del príncipe (que representa aquí el espíritu) despierta a la princesa dormida (que representa aquí al alma colectiva o a la esencia divina "dormida" en la materia). Nuestros animales domésticos son como aquel niño de madera que soñaba con ser "un niño de verdad".

En ese evento extraordinario y único de la individualización, en ese instante que ya no se repetirá jamás, los animales reciben su particular chispa divina de conciencia y comienzan su evolución como seres humanos. Es un momento cumbre y decisivo en la evolución de una conciencia. El dueño que de esta forma guió o ayudó al animal en su individualización queda de esta forma atado al mismo como su tutor y guía durante muchas vidas venideras.

La Liberación de la Rueda

Antes de terminar con este tema, queremos dejar bien claro que sin relaciones kármicas no tiene que haber reencarnación. Es decir, cuando el individuo ha adquirido la sabiduría que le permite abandonar, de una vez y por todas, la rueda cíclica del retorno a la vida en el mundo físico, solamente la compasión por el destino de otros seres puede hacerle regresar al más denso mundo material, ya no la Ley de Karma.

Como escribió el bardo isabelino:

> *When shall we three meet again*
> *In thunder, lightning, or in rain?*
>
> *When the hurlyburly's done,*
> *When the battle's lost and won.*
>   Macbeth—Scene I

—XXIV—

MEDITACIÓN

"Porqué es importante. Métodos"

El primer error que muchos seres humanos cometemos es creer que somos nuestro cerebro. No es exageración, conozco personalmente gente que piensa exactamente así. Pero el cerebro desaparece, muere y se corrompe con el cuerpo físico mientras nuestra conciencia continúa su eterno camino.

Más común, pero exactamente igual de equivocado es creer que somos nuestra mente.

Confundir el pensador con el pensamiento. Error muy fácil de cometer, muy común. Pero nosotros no somos nuestra mente. La mente, nuestra razón, es tan sólo una herramienta de nuestra conciencia individual. Nuestra mente está entrenada para almacenar experiencias y comparar la realidad que nos encontramos cada día con las experiencias acumuladas en la memoria. También está adiestrada para ajustar nuestro comportamiento y hacer planes para lo que vamos a hacer enseguida, o dentro de una hora, o mañana o el año que viene. Por último la razón nos convence de que existimos separados del resto del universo.

La dificultad surge cuando la experiencia se convierte en prejuicios y la ilusión de separación en egoísmo y avaricia. Entonces la mente deja de ser un instrumento a nuestro servicio y comienza a dirigir y manipular nuestro comportamiento. Nuestras relaciones con otros seres y con la realidad que nos rodea se mueven entre la agresividad y la angustia, entre la violencia y el temor. La inseguridad toma posesión de nosotros, nada nos contenta ni nos hace dichosos. Las tensiones gobiernan nuestra vida. Tenemos que buscar una salida, detener el daño que nos hacemos nosotros mismos, que nos hace nuestra mente desbocada.

El principal objetivo de la meditación es ese: acallar la mente, encontrar una manera, que trabaje para cada uno de nosotros—porque todos somos diferentes—en que la mente deje de recordar el pasado, olvide eso que cree que sabe, deje de comparar y deseche los prejuicios, y que aunque sea por un instante viva este momento, sólo en el presente, ahora, ya.

Y al mismo tiempo hallar la forma, en que la mente deje de hacer planes para el futuro, despreocuparse de lo que va a pasar en una hora o dentro un minuto, y aunque sólo sea por un instante, lograr que solo viva y sienta para el presente, sólo para este momento, ahora, ya.

Si logramos ese mágico momento, no importa la brevedad del tiempo en que lo logremos, hemos logrado *meditar.*

Se ha hablado y escrito extensamente sobre los beneficios de la meditación, sobre como ayuda a la salud física y mental del individuo, disminuyendo las tensiones y ayudándole a encontrar un balance en su vida. La lista de beneficios para el cuerpo físico, para las emociones y la salud de la mente humana, es muy larga para detallarla aquí. Preferimos hablar de los beneficios espirituales que nos trae la meditación.

Cuando el ser humano enfrenta la realidad, de cualquier tipo que esta sea, su condicionamiento milenario lo apresta a *luchar*, para defenderse o para agresivamente vencer en una situación cualquiera, o si decide no hacerlo, entonces prepararse a *huir*, hurtarle el cuerpo de alguna forma a lo que se le avecina. Nos debatimos entre la cólera y la angustia.

La meditación nos brinda una respuesta alternativa más sabia. No vamos a pelear ni a correr: vamos a contemplar, sin juzgar, sin sentirnos airados, molestos o desaforadamente jubilosos. Cuando meditamos, vamos a poder observar el mundo y mantenernos completamente relajados.

El condicionamiento de nuestras mentes nos pone en guardia contra otros seres. Nuestros prejuicios, lo que creemos haber aprendido y que nos separa de los demás, pueden poner en nuestro corazón los más bajos sentimientos. Cuando actuamos llevados por el odio, la envidia y la avaricia nuestra mente nos controla, nos manipula, somos un juguete de nuestro pasado.

En cambio, cuando nos percatamos de que no somos nuestra mente, cuando aprendemos a usar la razón como una herramienta y a desecharla cuando no es requerida, estamos por fin poniendo las cosas en su lugar.

A continuación y muy brevemente exponemos algunos métodos de meditación fáciles de entender y llevar a cabo.

Postura

Para meditar debemos estar cómodos. Es posible meditar acostados, pero en este caso será más fácil que nos quedemos dormidos. Para los que somos parte de la cultura y la civilización occidental, puede ser más conveniente simplemente sentarnos en nuestro asiento favorito y quizás levantar y apoyar las piernas sobre algún otro mueble para mejorar la circulación sanguínea en las extremidades inferiores.

En el oriente se usan las posiciones denominadas como de meditación perfecta, o también meditar de rodillas, o en posición de

loto y semi-loto. Todas estas posturas pueden ser convenientes y beneficiar a individuos específicos. Para muchos de nosotros, sin embargo, es posible que al no tener costumbre de estar mucho tiempo en estas posiciones, el forzarlas se convierta en una fuente de distracción. En cambio, para otros, las posiciones tradicionales de meditación pueden ayudarlos a meditar mejor.

Los ojos deben estar suavemente cerrados y se deben usar ropas sueltas. La temperatura y la humedad ambiente deben ser aquellas que nos hagan sentir bien. Un lugar tranquilo, seguro y agradable, alejado del bullicio y el ajetreo de la vida moderna, será muy beneficioso. Recomendamos también repetir nuestras meditaciones aproximadamente a la misma hora y con una duración aproximada, para reforzar nuestra costumbre de meditar. El tiempo de duración varía con cada persona, pero inclusive diez o quince minutos cada día pueden hacer una gran diferencia.

Relajación

Probablemente haya algo de auto hipnosis en el método de relajar todas y cada una de las zonas del cuerpo, comenzando por la cabeza y poco a poco, fijando la atención en relajar cada músculo, cada centro nervioso, llegar hasta los pies. Este proceso de relajarnos se puede recorrer varias veces, de arriba hacia abajo, hasta que nos sintamos totalmente cómodos y desahogados.

Respiración

Concentrar la atención en la regularidad y la suavidad de una respiración tranquila y sin esfuerzo es en sí un método de meditación. Respirar rítmicamente, contando las inspiraciones y expiraciones, es una forma de Yoga. Si logramos fijar totalmente nuestra atención en el ritmo y el sonido de nuestra respiración, ya solamente con eso estamos logrando un tipo de meditación. Al acallar la mente y centrar tranquilamente nuestros vehículos, permitimos que nuestro ser superior resuene inclusive en nuestro cuerpo físico.

Escuchar los sonidos del ambiente

Qué maravilla si todos estuviéramos en condiciones de sentarnos en la arena blanca y limpia de alguna playa desierta y en la penumbra del amanecer cerrar los ojos y rendirnos a escuchar tan sólo el ruido de las olas, como suavemente se deshacen en la orilla, el suave sonido de la brisa sobre el mar, sentir como el viento acaricia nuestro pelo y nuestra piel. Oír, escuchar, sentir, sin juzgar, sin comparar, sin tratar de adivinar que pasará después. Pocos tendremos esa playa ideal a nuestro alcance, pero la podemos crear, solo para nuestro disfrute, en un rincón tranquilo de nuestra casa o de nuestro lugar de trabajo. Simplemente escuchar, sin comparar, sin emitir juicios, es también una forma de acallar la mente y meditar.

Contemplación

Nuestra mente no se va a dejar vencer fácilmente, está convencida de que si no recuerda y compara o planifica se muere. Un truco que podemos usar para vencerla es, que ya que insiste, dejarla que traiga pensamientos o ideas. Pero esta vez no vamos a participar, los recuerdos u obligaciones no nos van a provocar disgusto o desazón. Porque vamos solamente a ser observadores. Vamos a presenciarlos, sin participar. La contemplación es también una forma de meditación. Cuando inesperadamente vemos la belleza de un paisaje, alma y espíritu se unen en contemplación estática y por un instante logramos vivir fuera del espacio y del tiempo. Tenemos que aprender a traer esa facultad contemplativa a nuestra vida diaria y a nuestras relaciones con los seres y el universo.

Detener el pensamiento en una cosa

Muy conveniente es lo siguiente: cada vez que nos sentemos a meditar, recorrer una historia y repetir la misma siempre, quizás con algunas variantes menores. Por ejemplo, imaginarnos que caminamos muy despacio por la arena de la playa mencionada arriba y que escogemos un lugar para allí sentarnos y contemplar las olas del mar, el horizonte, las gaviotas, el paisaje. Otras personas preferirán imaginar un campo abierto o un privado jardín, donde se van sentir más protegidos en su meditación.

De esta manera, quizás podamos sacar a la mente de las rutinas diarias, del trabajo que tenemos pendiente por hacer, de los problemas familiares o de otra índole que tengamos ese día. Si recorremos con la mente una rutina cuando nos sentamos a meditar, esto nos ayudará a por lo menos centrar la mente en una sola cosa, en lugar de dejarla divagar por todos lados. Podemos imaginarnos que subimos poco a poco una escalera brillante que nos lleva a un templo magnífico, abierto y acogedor donde nos reciben entidades benéficas de brillantes auras que nos ayudan a purificarnos y meditar.

Porqué el bañarse nos ayuda

Cuando nos bañamos bajo la ducha, no solamente estamos limpiando el cuerpo físico de las bacterias, las toxinas, el polvo y la suciedad recogida durante el largo día. Al mismo tiempo, la corriente de agua nos ayuda a limpiar nuestra aura, nuestros vehículos etérico, astral y mental, de vibraciones recogidas durante el día en los inevitables contactos con la realidad, con el mundo y sus gentes. Esta limpieza del aura puede dar aún mejores resultados si la llevamos a cabo conscientemente, quizás frotando el cuerpo y sacudiendo las manos, desechando las partículas y vibraciones que se nos han adherido durante el día. Si venimos a meditar después de habernos bañado y limpiado, nuestra meditación será más efectiva.

La música, las velas, los olores, el ambiente

Todas las personas somos diferentes, tenemos diferentes gustos e inclinaciones. No hay un método igual que nos ayude a todos. Cada uno de nosotros tiene que encontrar sus propias condiciones ideales de meditación. El olor de velas perfumadas o el quemar varillas de incienso, una luz roja o azul muy suaves, una música abstracta o imprecisa, todas estas cosas y otras más seguramente van ayudar a la mayoría de nosotros a lograr un ambiente apropiado para nuestras meditaciones. Seamos creativos en crear un ambiente propicio a la medida de cada uno de nosotros. La música, las velas y los olores agradables nos van a ayudar a meditar.

Meditación activa

Muchas personas encuentran la paz y la tranquilidad tan sólo cuando llevan a cabo alguna actividad física que les absorba totalmente la atención, borrando de la mente todas las preocupaciones y ansiedades que a veces nos atormentan. Esta actividad para unos puede ser ejercitarse, ya sea corriendo, montando bicicleta o practicando algún deporte. Para algunas mujeres puede ser planchar, cocinar o arreglar el jardín. A veces nos encontramos con que una saludable actividad física acalla nuestra mente y nos pone en condiciones de meditar. En el caso particular nuestro, la interpretación de la música nos ayuda a conseguir un estado meditativo.

Meditar todo el tiempo

Si comprobamos que la meditación nos trae inmensos beneficios para nuestra salud física, emocional y mental, si nos permite lograr un equilibrio y centrar nuestras vidas, si vemos que nos libera de ser manipulados por nuestras mentes y en cambio nos pone en control verdadero de lo que hacemos, ¿Sería entonces posible meditar todo el tiempo? Pues déjenme decirles que si lo es. Podemos meditar cada instante de nuestras vidas.

¿Y cómo lo hacemos? ¿Cómo podemos meditar en cada momento de nuestras vidas? Pues trasladando la actitud meditativa que describimos más arriba a nuestros diarios y constantes contactos con la realidad que nos rodea, a nuestras relaciones con el mundo y todos los seres que lo habitan. Siendo el pensador y no la mente, percatándonos a cada momento de cómo nuestra mente quiere intercalar prejuicios, odios y sentimientos de envidia en nuestras relaciones. Observando, vigilando cada momento a nuestra mente para nunca dejarnos manipular por ella.

¿Y de que forma sabremos que hemos logrado llevar la meditación a la realidad de nuestra vida diaria? Lo vamos a saber, porque nuestros amigos, nuestros clientes, nuestros vecinos, todas las personas que vemos cada día nos lo van a decir.

Nuestros amigos y conocidos van a ver en nosotros una paz y una serenidad que nunca nos habían visto. Van a notar el brillo de una nueva luz en cada uno de nosotros, un resplandor que se asoma a nuestros ojos y que no teníamos antes, que ellos no podían vernos previamente, un destello de la chispa divina que tenemos dentro y que une a todos los seres. Van a ver a Dios en nosotros y en todo lo que hacemos y se van a sentir bien. Todos se van a sentir atraídos hacia ti sin saber porqué, Y se van a sentir alegres cada vez que te vean, porque habían perdido a un hermano entrañable y lo acaban de recobrar.

—XXV—

LAS BODAS DE CANAÁN

"Su significado oculto"

Juan 2:1

1 Al tercer día hubo una boda en Canaán, un pueblo de Galilea. La madre de Jesús estaba allí,

2 y Jesús y sus discípulos también habían sido invitados a la boda.

3 En esto se acabó el vino, y la madre de Jesús le dijo:

—Ya no tienen vino.

4 Jesús le contestó:

—*Mujer, ¿por qué me lo dices a mí? Mi hora aún no ha llegado.*

5 Dijo ella a los que estaban sirviendo:

—*Haced lo que él os diga.*

6 Había allí seis tinajas de piedra, para el agua que usan los judíos en sus ceremonias de purificación. En cada tinaja cabían entre cincuenta y setenta litros.

7 Jesús dijo a los sirvientes:

—*Llenad de agua estas tinajas.*

Las llenaron hasta arriba,

8 y les dijo:

—*Ahora sacad un poco y llevádselo al encargado de la fiesta.*

Así lo hicieron,

9 y el encargado de la fiesta probó el agua convertida en vino, sin saber de dónde había salido. Solo lo sabían los sirvientes que habían sacado el agua. Así que el encargado llamó al novio

10 y le dijo:

—*Todo el mundo sirve primero el mejor vino, y cuando los invitados ya han bebido bastante, sirve el vino corriente. Pero tú has reservado el mejor vino para el final.*

Hasta aquí la simple narración en la Biblia.

Ahora pensemos, ¿que significado puede tener esto? ¿Cuál es la razón para destacar este episodio en el libro sagrado como la primera obra o el primer milagro del Señor? ¿Un Mesías dedicando su tiempo a fabricar vino? Sesenta litros multiplicados por seis tinajas, nos brinda un total de trescientos sesenta litros, casi cien galones o cuatrocientas botellas de vino. ¿No nos parece que cien galones de vino son una cantidad excesiva, para una pequeña boda en un pueblito de Galilea? ¿No es lógico entonces suponer que hay otro significado oculto en esta narración?

He oído y leído expresiones de gente que dicen que este episodio prueba que Jesús consumía bebidas alcohólicas. Otros van más allá, y aseguran que esta narración explica como Jesús se había dedicado a fabricar bebidas espirituosas. Jesús, según estas personas, es también un destilador, un fabricante de bebidas alcohólicas y como hacía esto sin las requeridas licencias, con esta interpretación nos lo quieren convertir también en un contrabandista, en un traficante ilegal de licores. En recientes y populares novelas o libros de supuestas investigaciones sobre la vida digamos que privada de Jesús, se afirma por otro lado que estas bodas se refieren al matrimonio de Jesús con Maria Magdalena.

Los ocultistas en cambio, no ven nada de eso en esta simple narración. Consiguen ver en ella, aunque muy resumida, la historia de la creación y la evolución de nuestro mundo.

La expresión con que la narración comienza, "Al tercer día", es una referencia a los "días" o períodos cósmicos de la creación del universo, mencionados simbólicamente en Génesis. El matrimonio representa al maridaje de la ideación, de las emanaciones espirituales del Logos Universal con la materia, en este caso simbolizados por el hijo divino, Jesús, y la materia virgen, María.

Las seis tinajas o ánforas contienen en un principio agua. El agua transparente, limpia y pura que representa a la energía divina en la involución, en el proceso de encarnar en la materia. El agua clara, que simboliza a las espirituales emanaciones del Logos Universal que profundizan su camino hacia su concreción en el mundo material. Es el espíritu del creador moviéndose sobre las aguas según se describe en Génesis 1:2: "*Y la tierra estaba sin orden y Vacía. Había tinieblas sobre la faz del océano, y el Espíritu de Dios se Movía sobre la faz de las aguas.*" Son las oleadas de las primeras emanaciones divinas atravesando precisamente el signo zodiacal de Acuario. (1)

Finalmente, el agua en las seis tinajas o ánforas es convertida en vino, el rico, sabroso, espeso licor del color de la sangre, símbolo de las experiencias de vida acumuladas por las oleadas de energía divina en su largo camino de millones de años, atravesando el mundo material, para adquirir conciencia y convertirse en lo que ya cada uno de nosotros somos en esta etapa de la evolución planetaria: un punto de energía consciente. Lo que ayer fue agua, hoy ya es vino. Júpiter (Zeus) se transforma en Baco (Dionisio).

(1) El paso de las oleadas de energía divina por los diferentes planos o dimensiones espirituales involucionando hacia la

concreción en la materia y después surgiendo de ella habiendo ganado la conciencia, está simbolizado en la "Precesión de los Equinoccios", el cruce del sol a través de los signos del Zodíaco.

Después de pasar por Acuario, Capricornio y Sagitario las oleadas de energía entran en la noche Zodiacal, el periodo donde la divinidad se recubre de las capas cada vez más groseras de la materia. Escorpio y Libra llevan a la etapa aún más material de Virgo y Leo por la que hemos atravesado en los últimos milenios. Las mónadas u oleadas espirituales continúan su recorrido por la noche material en Cáncer y Géminis. Por último, en Taurus, Aries y Piscis llegan de regreso al luminoso "Día Zodiacal".

El ángulo del eje de rotación de la tierra cambia gradualmente con relación a las "estrella fijas" a lo largo del tiempo, actualmente aproximadamente un grado cada 71.6 años. Una vuelta completa del ángulo de rotación demora unos 25,765 años, en números redondos.

En cambio, el paso de las oleadas de energía divina por los diferentes planos hacia su concreción en la materia más densa, toma billones de años. La precesión de los equinoccios se utiliza aquí como un símbolo del proceso cósmico.

The Zodiacal Clock

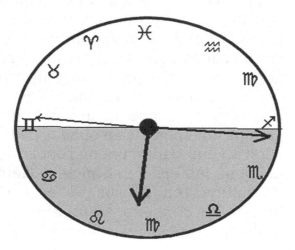

♒ Water Bearer / Aquarius	♑ Sea Goat / Capricorn	♐ Archer / Sagittarius
♏ Scorpion / Scorpio	♎ Scales / Libra	♍ Virgin / Virgo
♌ Lion / Leo	♋ Crab / Cancer	♊ Twins / Gemini
♉ Bull / Taurus	♈ Ram / Aries	♓ Fishes / Pisces

—XXVI—

EL CADUCEO

"Significado oculto del Caduceo"

Como ha sucedido con tantas otras cosas, palabras y costumbres, el paso de los siglos ha desvirtuado el significado de la original palabra griega "Kerykeion". *("keryx"* = heraldo) usada con toda seguridad para referirse al caduceo del dios Mercurio y también muy probablemente para denominar la vara o lanza que identificaba a los encargados de hacer proclamaciones oficiales, llevar y trasmitir noticias importantes, abrir torneos y ceremonias.

En este caso todo parece indicar que los romanos tradujeron la palabra griega "Kerykeion" por un sonido similar en latín, "Caduceus", que parece devenir de "Caducus" vocablo que describe el carácter transitorio y perecedero de los objetos, el envejecimiento y la senilidad. Es decir, todo empezó por una mala traducción. (1)

Para mayor enredo, en los tiempos modernos hemos confundido el bastón de Asclepio (Escolapio, Escolapius en latín), importante médico griego del siglo doce antes de nuestra era, que consiste en una serpiente enrollada en torno a una vara, con el "Kerykeion" o Caduceo.

Hermes (Mercurio) le presenta un paciente a Asclepio (Escolapio) que acompañado de sus hijas las Gracias Iaso (Meditrina), Hygieia y Panacea parece no estar interesado. El caduceo y el bastón de Asclepio aparecen diferenciados en el mismo grabado. *Museo Pio Clemente, Roma, Italia.*

La higiene es el más importante logro de nuestra civilización actual. En los tiempos antiguos, precisamente debido a la falta de higiene, las infecciones parasitarias eran muy comunes, como lo son todavía hoy en los países más pobres y atrasados en su desarrollo. El parásito conocido como "gusano de Guinea" (*Dacunculus medinensis*) tiene la insoportable costumbre de serpentear bajo la piel de las personas, En la antigüedad era extraído por los médicos cortando la piel y enrollándolo cuidadosamente alrededor de una vara.

El tratamiento fue tan exitoso y popular, que los médicos de la época terminaron por poner una vara con una serpiente enroscada alrededor de la misma a la puerta de sus establecimientos para identificarlos. Con el tiempo, esta vara con serpiente enrollada devino en ser el símbolo que identifica a la profesión médica. Posteriormente, la fama de Asclepio y su primer hospital o clínica de curaciones en Grecia asoció para siempre la vara con el ilustre galeno, que comenzó a ser llamada vara o bastón de Asclepio y se convirtió en el símbolo de los médicos y la medicina.

Un origen muy diferente tuvo el Kerykeion de los griegos, descrito como una varilla por la cual ascienden *dos* serpientes que se cruzan entre si

para formar repetidos números ocho y terminar uniendo sus cabezas formando un círculo, el tope de la varilla rodeado por un par de alas abiertas en posición de volar, con el que se representaba a Hermes (Mercurio), el mensajero de los dioses, pero después conocido como el dios de los comerciantes y de los ladrones. Nótese aquí el sentido del humor de los griegos igualando a los comerciantes con los ladrones.

Este símbolo era adorado por los hebreos como la vara con las serpientes de cobre de Moisés, hasta que el rey de Judea Ezequías (2 Reyes 18:4) ordenó su destrucción. Se ha encontrado también en la Isla de Creta (700 A.C.) y en Mesopotamia en excavaciones arqueológicas y utensilios que datan de por lo menos 2,600 años antes de nuestra era.

Por error, en los tiempos modernos hemos estado confundiendo la vara o bastón de Asclepio, símbolo de los médicos y la medicina, con el Kerykeion o Caduceo, que representa a Mercurio, el heraldo y mensajero de los dioses, que devino en dios de los comerciantes y los ladrones. Para los ocultistas, sin embargo, el significado simbólico del caduceo siempre ha estado muy claro y ha sido otro.

Todos sabemos que el cuerpo humano, para subsistir necesita comer, beber y respirar. La comida y la bebida son procesadas por el organismo humano para compensar el desgaste de materia física consumida en el curso de las actividades del día. La respiración lo ayuda evidentemente a suplir de oxígeno la sangre y participa en el proceso de purificarla.

Adicionalmente, el cuerpo humano recibe y utiliza sutiles formas de energía sin las cuales tampoco podría sobrevivir.

La primera de estas formas sutiles de energía la recibe el ser humano a a través de los chakras. Se le ha denominado fuerza de energía primaria y todos los seres la reciben del Logos Solar, que la emite en todos los planos y dimensiones, aunque en este caso nos estamos refiriendo a esta fuerza en el plano físico, en su componente más sutil o etérico.

Esta energía primaria del Logos Solar es recibida y procesada por los Chakras, que giran constantemente cambiando la energía recibida en ondulaciones de múltiples colores según es absorbida y utilizada por el cuerpo etérico y el organismo físico. (Segunda Emanación, Segundo Aspecto del Logos).

El Chakra básico o fundamental, ubicado en la base de la columna vertebral y el Chakra Esplénico ubicado en el Bazo, reciben y procesan dos tipos adicionales de energía.

Una de estas dos energías es el denominado "fuego serpentino" o *Kundalini* que proviene del centro del planeta. (Primera Emanación, Tercer Aspecto del Logos). Se la describe como teniendo la apariencia del fuego profundo de los metales en estado candente o de la lava volcánica y proviene de los submundos o espacios interiores de nuestro mundo.

La segunda de estas energías que especialmente procesan los dos primeros Chakras, es la vitalidad o *Prana* que recibimos de nuestro sol. (Tercera Emanación, Primer Aspecto del Logos). Esta energía es abundante en los días soleados y disminuye considerablemente cuando el cielo se nubla, dependiendo por lo tanto de la luz solar. Durante la noche los seres dejan de recibir la energía vitalicia. Esto provoca un aumento de la debilidad en las personas gravemente enfermas o seniles que tienen un mayor riesgo de fallecer durante la noche.

Como se ve, el hombre para subsistir recibe energías de los tres aspectos del Logos, simbolizados en la religión cristiana como el Padre, el Hijo y el Espíritu Santo.

Y aquí volvemos a la conocida figura del Caduceo o Kerykeion, donde dos serpientes suben enroscadas alrededor de una vara central. La vara central es en realidad la columna vertebral del cuerpo humano. En la India la columna vertebral es conocida como *Brahmadanda,* que literalmente quiere decir el bastón de Brahma. Las simbólicas serpientes que suben por el bastón representan entonces a los aspectos negativo y positivo del fuego serpentino o *Kundalini.*

Ida es la corriente femenina o negativa, de color rojo profundo que parte del lado izquierdo de *Sushumna* o centro de la columna vertebral del hombre, desde el punto de vista del que mira de frente el cuerpo humano.

Pingala es la corriente masculina o positiva de color amarillo oro que parte del lado derecho de *Sushumna,* centro de la columna vertebral, también mirando al cuerpo humano de frente, desde el punto de vista del observador. En la mujer, la posición de las energías es al revés que en el hombre.

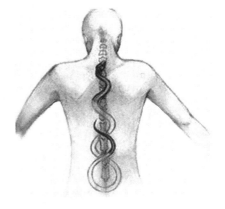

Por *Sushumna*, asciende entonces la corriente de energía de color azul intenso, que termina por activar las facultades psíquicas del ser humano y el uso y dominio de sus vehículos o cuerpos más sutiles, simbolizado esto por las alas mostradas en la parte superior del Caduceo o Kerykeion.

Las alas también pueden ser interpretadas como un símbolo de la liberación de la rueda cíclica de las reencarnaciones por el individuo adelantado espiritualmente que por su progreso consiguió la activación de sus energías.

El Caduceo o Kerykeion tiene por lo tanto un claro significado oculto que resume el progreso y la subsiguiente liberación de los iniciados en las escuelas esotéricas a través de la activación de energías espirituales.

(1) *"Nuntius Baculum"* podía haber sido una mejor traducción, pero llegamos tarde por 2,000 años.

Los Chakras

—XXVII—

EL CALDERON DE LAS BRUJAS

"Lo que en realidad significa"

Todos hemos visto en el cine, inclusive hasta en las películas de Walt Disney, (1) alguna bruja cocinando su brebaje en el calderón. Y mientras cocina y revuelve el terrible caldo, la vemos echar ranas, lagartos, renacuajos y horribles bichos de todo tipo a su mejunje. ¿Serán así de verdad las brujas o se trata solamente de la imaginación de Walt Disney y sus dibujantes? Bueno, pues la respuesta es sí y es no.

Walt Disney era un ocultista, y absolutamente todas sus películas de largo metraje están dedicadas a los símbolos y las enseñanzas esotéricas. El calderón que vemos en tantas películas de Hollywood y no tan sólo en las de Disney es simbólico, pero muy fácil de entender.

La forma redonda del calderón de las brujas, representa la reunión de los magos, las brujas, los hechiceros o practicantes de magia, agrupados en forma circular  para de esta forma multiplicar y concentrar su energía psíquica.

Los sapos y culebras que le vemos echar a la bruja en su calderón representan simbólicamente los malos pensamientos, los malos deseos, los maleficios que los practicantes de *magia negra* conjuran en contra de sus víctimas.

El cine ha dramatizado esto mostrando a la bruja haciendo sus maleficios, como a "la mala de la película". Aunque es totalmente cierto que existen hechiceros y magos negros en todos los países y en todas partes, la inmensa mayoría de los practicantes de brujería y magia utilizan sus reuniones y sus poderes para hacer el bien, para bendecir, para sanar o con la intención de dar un servicio o beneficiar a alguien, para esparcir el amor, para llevar a cabo *magia blanca*.

Afortunadamente, muchos brujos y brujas son personas que llevan en todos los demás aspectos vidas normales como el resto de nosotros, tienen familias y se desvelan por la felicidad y el bienestar de los suyos.

Al mismo tiempo estos practicantes de magia o brujería son personas con preocupaciones espirituales, que saben que si utilizan sus conocimientos de hechicería para hacer daño, los primeros y más grandes perjudicados van a ser ellos mismos. En primer lugar, se están creando relaciones kármicas muy perjudiciales. Además, es muy posible que los conjuros, maldiciones y elementales negativos regresen a ellos por afinidad o por no ser compatibles con el aura de la víctima.

En todos los campos de las actividades humanas, inclusive cuando se trata de profesionales graduados de las mejores universidades de cualquier país, hay charlatanes, chapuceros y farsantes. También cuando se trata de magia, brujería y hechicería el mundo está lleno de ellos. Pero esto no nos debe llevar a desechar la magia, ni a ignorar las verdades que se esconden detrás de una apariencia que a veces puede ser primitiva e ignorante.

Hay muchas y muy variadas definiciones de que lo que es la magia. Para nosotros, *magia es la facultad de modificar las cosas mediante el uso de la voluntad y el dominio de los elementales.* Por modificar entendemos provocar, obtener, conseguir cambios. Lo que se modifica puede ser la conciencia o la percepción,—tanto la nuestra propia como la de otros seres—las circunstancias o los objetos tanto del plano físico como de los planos más sutiles o espirituales.

La magia existe, hay practicantes de magia y hechicería en todas partes que saben lo que hacen y su trabajo puede ser muy efectivo. En todas las ramas de la actividad humana hay moralmente gente excelente, gente buena y por desgracia gente mala también. Una persona que haya recibido un agravio puede ponerse a buscar un hechicero que la ayude a tomar venganza, por ejemplo. A esta persona no siempre le va a ser fácil conseguir un verdadero mago que la ayude a hacer daño, pero es posible. En el mundo hay brujos que se dedican a hacer maleficios y debemos estar alerta en este sentido. Es bueno aclarar que cualquier intento de modificar o influenciar el libre albedrío de otro ser mediante el uso de sortilegios es *magia negra*.

La mejor defensa contra cualquier maleficio es la pureza de nuestra vida, de nuestros motivos y de nuestras intenciones. Si somos inocentes, si hemos desterrado la envidia y el odio de nuestros corazones, si compartimos la vida felizmente con los seres que se cruzan en nuestro camino, si nuestros corazones y nuestras almas son siempre canales del amor y la energía divinos y nuestras auras están limpias de bajos sentimientos, nos hacemos inmunes al trabajo maléfico de cualquier mago.

Para mayor claridad, aquí conviene emplear un símil muy propio de nuestra época. Cuando una computadora entra al Internet, emite indefectiblemente una señal que delata su presencia. Los llamados "hackers", que son en realidad vándalos del terrorismo electrónico, han desarrollado programas que automáticamente detectan las señales de las computadoras activas en la red, las penetran con facilidad y les siembran programas que espían y reportan las actividades del usuario o les inoculan virus que terminan por destruirlas. Para tratar de evitar esto y como una defensa, los fabricantes de sistemas operativos y programas antivirus han diseñado "firewalls" o paredes de fuego (nombre tomado de la cubierta o muro de metal que separa al chofer del motor del auto) que hacen "invisible" a la computadora o la protegen de intrusos no deseados.

Igualmente, existen rituales que hacen "invisible" el aura de una persona a los elementales e inclusive a la gran mayoría de los hechiceros. El más conocido y empleado por los practicantes de magia es el ritual de protección, (de invisibilidad o desvanecimiento) "menor" del pentagrama, conocido en idioma inglés como "The Lesser Banishing Ritual of the Pentagram".

Este ritual consiste en trazar, con la mano derecha, amplias estrellas de cinco puntas, dirigidas hacia los cuatro puntos cardinales, comenzando por la primera con todo nuestro cuerpo de cara hacia el este. El brazo izquierdo y la mano izquierda se mantienen mientras descansando a un lado del cuerpo. Las estrellas se dibujan con el dedo índice de la mano derecha extendido o utilizando un puñal o cuchillo afilado destinado únicamente a este fin. Se visualizan con los ojos cerrados en un color de llama eléctrica azulada. Cada estrella se comienza a la altura de la cadera izquierda hasta donde llega el brazo derecho extendido en esa dirección. Nuestro brazo y nuestra mano trazan la primera línea de la amplia estrella subiendo por encima de nuestra cabeza. Lógicamente la segunda línea baja de la cabeza hasta un punto fuera de la cadera derecha, la tercera línea sube de fuera de la cadera derecha a más allá del hombro izquierdo, la cuarta línea va horizontalmente hacia la derecha hasta el largo del brazo derecho extendido, y la última termina hacia abajo en la cadera izquierda donde comenzamos. La segunda estrella se dibuja mirando hacia el sur, girando cada vez todo el cuerpo hacia la derecha, se continúa con otra hacia el oeste y una última dirigida al norte.

La señal de la cruz utilizada por los cristianos es también un ritual de protección contra los elementales y los maleficios. Si al hacer la señal de la cruz usamos el hombro derecho antes del izquierdo, estamos haciendo en cambio la señal de la cruz *cabalística.* Tanto una como otra tienen un significado esotérico que es comprendido y utilizado por los sacerdotes cristianos por un lado y por los magos que emplean la cábala (religión esotérica u oculta de los hebreos) por el otro y con fines parecidos.

Vale también decir que todas las personas que traen de encarnaciones anteriores conocimientos de ocultismo y de magia o que son prevenidos contra maleficios por ángeles o entidades protectoras, antes de dormir y desde que son niños tienen la costumbre de encerrarse en una especie de cápsula mental inmune a todos los ataques.

Resumiendo, el calderón de las brujas, como han visto, simboliza una reunión de hechiceros. Y la mejor protección contra ellos es la pureza y la inocencia de nuestra vida.

(1) Walt Disney, el maravilloso creador de las películas de dibujos animados, según parece había nacido en Mujacar, Almería, España, en 1901, recibiendo el nombre José Guirao Zamora, de sus padres el Dr. Guirao, médico de la Villa y la Sra. Isabel Zamora.

De acuerdo a esta versión de los hechos, Isabel emigró hacia Estados Unidos y llegando sin recursos con el bebé en muy malas condiciones de salud, su hermano que la recibió en Chicago le aconsejó que dejara el niño en manos de Elías y Flora Disney que ya tenían otros tres hijos.

En 1946 Walt Disney colaboró con Salvador Dalí en la producción de "Destino", un cortometraje animado. Dalí aseguró que Disney le dijo que el había nacido en Almería, confirmando esta versión. Walt fue bautizado con ese nombre en Chicago en 1902. Nadie ha podido encontrar un registro del nacimiento de Walt Disney en Illinois, lo que parece corroborar lo anteriormente dicho.

Walt Disney era un francmasón y un ocultista. Como miembro de la masonería, se dice que alcanzó el grado 33, el más alto dentro de la misma. Absolutamente todas las películas de largometraje de dibujos animados que Walt Disney produjo en su vida tienen un fuerte y claro contenido esotérico.

En "Fantasía" toda la película trata de temas ocultos: Mickey es el "Aprendiz de Brujo" que trata de dominar a los elementales del agua; en el Cascanueces de Tchaikovski vemos a las hadas revoloteando y marcando con la punta de los pies la superficie de las aguas de ríos y lagos, tal y como hacen en la realidad cuando se divierten; en el "Ave María" vemos a las almas atravesar su largo sendero hacia la espiritualidad caminando en parejas de almas gemelas. Pinoccio se animaliza, con orejas de burro y rabo, pero el amor por Gepetto y sus amigos lo lleva al generoso sacrificio, logrando de esta manera su individualización como ser humano, dejando el reino animal para empezar a ser un "niño de verdad". La gracia de la conciencia individual humana se la concede un hada. En Blancanieves y en La Bella Durmiente se repite el tema ocultista del príncipe (el espíritu) salvando a la princesa (el alma) de la muerte o el sueño eterno (en la materia).

Observen como mientras los demás creadores de dibujos animados entretenían a las multitudes con interminables persecuciones y bromas tontas, Walt Disney se mantuvo durante toda la vida fervientemente dedicado a comunicar su mensaje ocultista en la totalidad de sus producciones animadas de largo metraje.

—XXVIII—

CREDO DE LOS OCULTISTAS

"Actitud y filosofía"

En primer lugar, el ocultista es un libre pensador. Toda nueva información que el ocultista recibe debe ser revisada rigurosamente y sometida a las pruebas de su mejor intuición, de una razón sin prejuicios y de sus más puras emociones. El ocultista no acepta ni impone dogmas, no se dedica a hacer propaganda, no evangeliza, ni trata de convencer a nadie de sus ideas. Sabe que cada persona tiene su propio sendero, respeta las creencias de los demás y el camino que cada cual ha escogido. Además, se percata de que hay que tener paciencia y esperar a que la curiosidad y el deseo de conocer las verdades esotéricas vengan por sí mismos, sin imposiciones ni trucos de ninguna índole. La vida del ocultista está guiada por el amor y caracterizada por la inocencia.

"Dios"

El ocultista está seguro de que no existe Dios. Por lo menos no un Dios consciente, ese viejito con barbas que debía preocuparse por los más mínimos detalles de nuestras vidas, pero que todo parece indicar que nos creó y nos ha abandonado a nuestra suerte. Esto no debe ser una sorpresa para nadie. El Budismo, que es la práctica religiosa con más adeptos en el mundo no tiene ni siquiera un concepto de Dios. Esto quiere decir que una parte considerable de la humanidad no cree en que Dios existe. La creencia en Dios no es innata, como se ha tratado de hacer que la gente piense, es una superstición impuesta por las religiones organizadas.

Para el practicante de ocultismo lo único divino es su propio ser superior, esa chispa divina individual que lo une con todo el universo y con la que ansía establecer una comunicación permanente. El ocultista sabe que todas y cada una de las veces que los creyentes, los libros sagrados, los profetas y los Mesías se refieren al ser supremo o hablan de Dios, están refiriéndose única y exclusivamente y en todos los casos a esa chispa divina que es el centro de nuestra conciencia individual y que nos hace a todos dioses y participantes de la eternidad.

El ocultista tampoco confunde con Dios, ni les llama Dios, a las potencias cósmicas y seres superiores que participan del proceso de la creación y la evolución del universo. Sabe que las potencias cósmicas y los seres superiores son divinos, pero exactamente en la misma forma y manera en que él personalmente es divino también.

Pero el ocultista no es precisamente ateo, sino todo lo contrario. Le basta abrir los ojos y mirar hacia fuera para percibir la divinidad en la energía que mueve y hace posible todas las cosas. El estudiante de ocultismo ve a Dios en todos los seres y en todas las cosas. Se siente uno con todo lo que le rodea. El ocultista prefiere que lo llamen: panteísta.

"Sobre la religión"

El ocultista no es religioso, es místico. La religión ha predicado, para desinformación y perjuicio milenario del hombre, que éste necesita de la ayuda de un supuesto Dios o Mesías para salvarse. Que la fuente de salvación es externa. El ocultista en cambio sabe que el sendero hacia la perfección de su alma depende de sus propias decisiones y de su propia iniciativa. El ocultista desecha, tira por la ventana las muletas de la religión y toma el toro de su destino por los cuernos.

El ocultista sospecha de las instituciones y de la religión organizada, sabe que las decisiones institucionales obedecen casi siempre a intereses financieros o políticos que no tienen nada que ver con la esencia de lo que debería ser la religión. El ocultista conoce la historia y sabe que las religiones institucionalizadas han dividido a la humanidad, sembrado el odio y provocado guerras y desastres sin fin. Al mismo tiempo el ocultista sabe que siempre han existido sacerdotes, monjas, rabinos y pastores que han dedicado la vida a servir a sus semejantes con devoción, dedicación y honradez. El género humano tiene una inmensa deuda de gratitud con esas personas. El ocultista no persigue la religión, como no persigue ninguna idea, sino todo lo contrario, disfruta la diversidad y prefiere bañarse cada día en diferentes aguas para una mayor y mejor experiencia de la realidad.

El estudio del esoterismo le abre los ojos al ocultista, le permite entender los símbolos en los rituales y en los libros sagrados que los religiosos repiten muchas veces sin comprender. En este sentido, el ocultista, aunque no es religioso, conoce el verdadero significado de la religión mejor que las personas religiosas, incluso mejor que muchos pastores, sacerdotes o rabinos. El ocultista también sabe que hay religiosos que conocen el contenido oculto de su religión, aunque mantengan sus conocimientos en secreto.

El ocultista acepta que la religión puede constituir una ayuda para las almas más primitivas o relativamente atrasadas en su evolución individual. Al mismo tiempo sabe que en esta etapa de desarrollo de la humanidad la mayoría de los seres humanos estamos listos para desechar la religión y emprender solos y con valentía nuestro camino místico, sabiendo que realmente todos somos una sola cosa, que estamos unidos a todo lo que existe.

El ocultista sabe que somos un punto luminoso de energía consciente. Igual que el agua siempre encuentra su camino hacia abajo, la chispa de energía divina que nos anima siempre encuentra su camino hacia arriba.

"Sobre la Iglesia"

Los estudiantes de esoterismo, alquimia y magia han sido perseguidos por la Iglesia, por las religiones organizadas en Instituciones, durante milenios. A nadie debe extrañar entonces de que el ocultista desconfíe de las instituciones aunque pueda en cambio confiar en particulares monjas, sacerdotes, rabinos, pastores y personas religiosas.

Al suplantarse el paganismo por el cristianismo en el Imperio Romano por una decisión de Constantino, la Iglesia se reservó la exclusividad del conocimiento y práctica de la magia. De ahí la quema en la hoguera de cientos de miles de personas, algunos de los cuales le disputaban a la Iglesia ese privilegio.

Para el ocultista la energía creadora del universo no puede encerrarse entre las cuatro paredes del edificio de una Iglesia o de un lugar de culto y oración. La iglesia del ocultista es el vasto universo en que éste existe. El estudiante de ocultismo aspira siempre a que su cuerpo sea el templo de la divinidad en la tierra, una iglesia ambulante y móvil digna de la chispa divina que lo anima.

"El diablo"

El ocultista también sabe que no existe el diablo, esto le consta. Se necesita tener la cara muy dura, ser muy descarado y sinvergüenza, para inventar un diablo a quién echarle la culpa de nuestros pecados, de nuestros crímenes, de nuestros errores y de todo lo malo que hacemos.

No. No hay a quien echarle la culpa de nada. Si hacemos algo malo, la culpa es de nosotros. Lo sentimos mucho por los irresponsables, pero no existe el diablo.

"El cielo y el infierno"

El ocultista también sabe, porque lo ha comprobado, que no existe el cielo, ese eterno lugar de felicidad absoluta reservado para las almas buenas, burda creación de las religiones por muy obvios motivos. Pero, hay un equilibrio en esta verdad: tampoco existe el infierno. El ocultista sabe, porque le consta, que el cielo y el infierno son creaciones individuales de las mentes de cada una de las personas. Cada uno de nosotros se crea su propio cielo o infierno individual en el cual puede disfrutar o sufrir después de que abandona el cuerpo físico y mientras espera por la próxima encarnación.

La religión hinduista y las tradiciones esotéricas nos hablan de un "devachan", plano o estado especial de la conciencia en que ésta, habiéndose desembarazado de sus vehículos o cuerpos físico, astral y mental, descansa, reflexiona y se prepara para su próxima vida. Mientras la conciencia permanece en ese estado se rodea de imágenes de sus seres queridos, familiares, amigos y personas afines, que pueden estar animadas o no por la conciencia de estas personas, parcial o totalmente. Es conveniente aclarar que este cielo o infierno individual puede ser compartido con seres afines en un cielo o infierno colectivo. Igualmente, cada uno de nosotros se crea, con sus decisiones, su propio cielo o infierno en este mundo y hasta cierto punto moldea el tipo de existencia que decide vivir.

"La oración"

El poder mágico de la oración es conocido por el ocultista. El sabe que cuando hay intensidad y sincera emoción en la oración ésta es efectiva y trabaja. El ocultista también puede usar formas particulares de la oración para ayudarle a obtener sus propósitos.

"Sobre lo que el ocultista sabe"

El ocultista tiene dos fuentes de información, la externa y la interna. Lo que el ocultista ha aprendido externamente lo recibe de la sabiduría de los antiguos trasmitida a nosotros a través de sociedades que han sido guardianes de estos conocimientos durante siglos. Pero ya la inquisición terminó y la religión organizada no puede imponer su ignorancia y sus dogmas en los países civilizados. Gran parte de la información que en otros tiempos era esotérica, puede conseguirse simplemente en el Internet. El ocultista también recibe su información de seres superiores que se ocupan constantemente de ayudar a los seres humanos en su progreso espiritual y a menudo se conecta también con la memoria colectiva de la humanidad. El ocultista es libre y se permite dudar de toda la información recibida hasta que la comprueba personalmente.

La otra fuente de información del estudiante de ocultismo es interna, y la obtiene con el conocimiento y la observación constante de sí mismo. Esta fuente interna de inspiración termina siendo decisiva en su progreso.

"Sobre las cosas sobrenaturales"

El ocultista sabe perfectamente que no existe nada sobrenatural, que nada sucede fuera de la naturaleza. Lo que hoy nos parece sobrenatural o paranormal tiene esa apariencia porque todavía ignoramos leyes naturales, fuerzas cósmicas, dimensiones y planos de conciencia más elevados que coexisten con nosotros, pero que aún no son evidentes para todos.

"La ciencia"

La ciencia es aliada del estudiante de ocultismo y éste ve con alegría los progresos y descubrimientos de la ciencia. Los avances de la ciencia terminan confirmando las verdades ocultas o le dan significados insospechados a estas verdades.

Aún en el momento en que publicamos este libro, la ciencia se comporta como un miope que no se quiere poner los espejuelos. El progreso de la ciencia dará un salto cualitativo gigantesco cuando el conocimiento de los planos superiores de conciencia y el uso de las energías ocultas se incorporen a sus campos de investigación.

Ya en este momento la ciencia médica debe empezar a utilizar la percepción del aura y el manejo de las energías en el proceso del diagnóstico y la curación de las enfermedades. Pero todo es cuestión de tiempo: el ocultista esta completamente seguro de que al final, ciencia, ocultismo, religión y misticismo, todos terminarán por juntarse en una sola cosa.

"La Evolución"

El ocultista sabe que todas las cosas son energía en movimiento y están en evolución constante, desde siempre y para siempre. La evolución de todos los seres se hace realidad a pesar de nosotros mismos. El ocultista es un aliado de la evolución y siente que la evolución está siempre de su parte también. El estudiante del ocultismo tiene una idea más completa del esquema evolutivo que incluye los planos espirituales y evoluciones paralelas a la humana. El ocultista sabe que la evolución es dirigida y ayudada por seres de otras dimensiones o planos más sutiles que desempeñan tareas de carácter cósmico o planetario. La evolución transforma en energía consciente el aparente caos de la creación,

"La Materia"

Para el ocultista, la materia es energía en movimiento, es eterna y no se destruye, pero se transforma, y es todo lo que existe. El ocultista sabe, porque le consta, que los planos superiores de conciencia también están compuestos de un tipo de materia, o sea, también de energía en movimiento, pero más sutil y de vibraciones mas rápidas. Si toda la materia es energía, los seres que en su camino evolutivo se han individualizado, como es el caso de los seres humanos y también por ejemplo, los ángeles, pueden también definirse como "energía consciente".

"La Civilización"

Por lo general el hombre moderno no tiene la opción de convertirse en un ermitaño. Es decir, si se interesa por el misticismo y su progreso espiritual, no parece tener la alternativa de irse a vivir en una cueva, separado del mundo. Todo lo contrario, el hombre moderno comparte el mundo con los demás seres y su progreso espiritual sucede en medio de sus relaciones con ese mundo y los seres que lo habitan.

El progreso espiritual es individual, pero el progreso colectivo de la raza humana se refleja en el grado de civilización alcanzado. El ocultista por lo tanto tiene un interés extraordinario en la civilización de la especie humana. Por civilización no entendemos solamente los avances tecnológicos, de los cuales la higiene y las comunicaciones han resultado ser hasta ahora los más importantes.

Por civilización también tenemos que entender el aprender a vivir en armonía aunque tengamos creencias o convicciones diferentes. Si somos civilizados debemos también percatarnos de que los seres humanos estamos sobrepoblando el planeta, al extremo de que la fauna y la flora están desapareciendo bajo nuestros pies. Los recursos minerales y alimenticios amenazan con comenzar a escasear muy pronto si no ponemos coto al crecimiento incontrolado de la población. Los males colectivos que azotan al género humano, como el crimen, la ignorancia, la miseria, las guerras, la violencia, la contaminación del medio ambiente y el reino de la vulgaridad y la chabacanería, tienen su verdadera y única raíz en la superpoblación.

La máxima obligación moral de la raza humana consiste en que tiene que aprender a compartir el planeta con los demás seres que lo habitan, dejando zonas enormes, quizás hasta continentes enteros, para el desarrollo libre de los animales salvajes y el crecimiento imperturbado de las selvas. Tenemos que disminuir la población humana del planeta a menos de la décima parte de lo que es ahora. Cuando comprendamos estas verdades, estaremos empezando a ser verdaderamente "civilizados".

Aquí la disyuntiva es muy fácil. Aprendemos a ser civilizados o nuestra raza humana desaparece.

"Acerca del Servicio"

El ocultista se siente dichoso y agradecido cuando surge la oportunidad de ayudar a otros seres. Se complace en usar lo que ha aprendido para ayudar a otros. Sabe que la mejor ayuda que le puede dar a otro ser es asistirlo en su progreso espiritual, pero hay otras maneras de ayudar y cada persona es única y diferente, nuestras necesidades son disímiles.

No todos los ocultistas tienen la vocación y o las facultades para sanar a otros, al igual que no todos los seres humanos son médicos o enfermeras. Pero los ocultistas que tienen esa facultad y vocación de sanar, se sienten realizados y disfrutan enormemente cuando sanan o mejoran a un enfermo.

El verdadero ocultista no pide nada a cambio por su ayuda, ni siquiera necesita del agradecimiento de los beneficiados. Su recompensa está en el infinito gozo y la felicidad de poder servir a otros seres.

"Los Secretos"

En ocasiones, en el curso de sus estudios, el ocultista recibe en confianza algunos secretos, que a veces se refieren a la práctica de la magia. Sabe que esos secretos no son suyos y le han sido confiados para que los guarde. También sabe que es cuestión de tiempo y que lo que hoy es secreto celosamente guardado será en un futuro parte del conocimiento general de la humanidad.

—XXIX—

ORIGEN DEL SECRETISMO

"Porqué las Sociedades Ocultistas eran Secretas"

En los tiempos actuales, las organizaciones y sociedades que se dedican al estudio del ocultismo han dejado de ser organizaciones secretas. Realmente todo el mundo sabe quienes son y donde están. La inmensa mayoría de sus libros y materiales de estudio se pueden adquirir en cualquier librería o a través del Internet. Pero esto no fue siempre así.

El estudio de las ciencias ocultas y el misticismo fueron perseguidos ferozmente desde los mismos inicios de la era cristiana, Durante los siglos III y IV de nuestra era, y en varias ocasiones, la Iglesia ordenó y logró cortar las cabezas de los acusados de herejías, aunque estas herejías no tuvieran relación con el ocultismo. Decenas de personas fueron decapitadas tan sólo por tener una interpretación diferente de la religión cristiana, como la no aceptación de determinados dogmas o por mantener un enfoque místico del cristianismo.

Durante la Edad Media las persecuciones aumentaron, inclusive con la quema de decenas de miles de mujeres acusadas de brujería, en muchos casos solamente por el "crimen" de haber nacido con inclinaciones hacia la adivinación y la mediumnidad, por o ser curanderas o peor aún, por haberse resistido a recibir favores sexuales de los inquisidores. Como puede verse muy claramente en los pergaminos encontrados en Nag Hamadi, desde el principio mismo de la era cristiana la mujer era considerada fuente de pecado y destinada con toda seguridad a los infiernos. (1) Mientras más bella o atractiva fuera la mujer en ese período, mayor era el peligro que corría de ser quemada en la hoguera por el simple hecho de provocar pensamientos pecaminosos en los religiosos.

La persecución se estructuró y tomó carácter oficial al institucionalizarse con los primeros tribunales de la Inquisición Episcopal en 1184 y la Inquisición Papal en 1230. Con la institución inquisitorial ya creada, los siguientes siglos nos revelan una historia de torturas y ejecuciones de cientos de miles de personas. Solamente el prelado luterano Benedict Carpzov se jactaba de haber condenado a más de 20,000 personas a la hoguera. En Francia, la pequeña ciudad de Treves quemó más de 7,000 mujeres. Los ejemplos son demasiados para ser aquí enumerados. Generalmente se reconoce como el fin de la etapa de la Inquisición el año de 1835 en que la institución de la Inquisición es abolida en España.

Los Tribunales de la Inquisición no se limitaban simplemente a perseguir y ciertamente castigar a las personas por tener ideas que eran consideradas heréticas por la Iglesia, sino que fueron también utilizados con fines financieros mediante la confiscación de los bienes de las personas o de las familias acusadas de hechicería o herejía, los cuales iban a parar a manos de los inquisidores o de la Iglesia. Con fines políticos, también se usaba el terror de la Inquisición para mantener a raya a los gobernantes e inclusive destituirlos o reemplazarlos acusándolos de herejía o complicidad con la hechicería.

Una pequeña muestra del registro de la inquisición en el poblado de Würzburg en Alemania muestra la frivolidad de los inquisidores y su desprecio por la vida humana:

> El día diez, tres personas quemadas
>> Steinacher, un hombre muy rico
>> Un hombre extraño
>> Una mujer extraña
> El día trece, cuatro personas quemadas
>> Una niña pequeña de nueve o diez años
>> Su hermana más pequeña
>> Dos mujeres extrañas

El día catorce, cuatro personas quemadas
  La madre de las dos niñas mencionadas
    arriba
  Una muchacha de veinticuatro años
  Dos mujeres extrañas
El día quince, dos personas quemadas
  Un niño de doce años, en su primer
    día de escuela
  Una mujer
El día dieciséis, dos personas quemadas
  Un niño de diez años
  Una mujer

Obsérvese como no se menciona ni siquiera cual fue el crimen o el motivo de poner a estos inocentes en la hoguera, aunque se piensa que era debido a su filiación protestante. En total, este Registro muestra que en veintinueve días un total de 162 personas fueron quemadas en la hoguera tan sólo en ese pequeño pueblo, de los cuales 100 fueron clasificados como personas "ricas" en el resumen, al final del Registro. La Inquisición era dirigida en esta villa por el Príncipe Obispo John George II a quien se le atribuyen miles de ejecuciones. Estadísticamente—y lo cierto es que horroriza utilizar las estadísticas para algo como esto—se calcula que el 90% de los sacrificados en la hoguera eran mujeres.

Transcurrieron siglos y aunque la Inquisición dejó de funcionar como institución en nuestra civilización occidental, continuó la persecución sistemática de las ideas y sistemas de pensamientos que diferían del punto de vista oficial de la Iglesia, que en los países de

Europa y sus colonias se mantenía unida a las aristocracias que detentaban el poder.

Esta circunstancia por supuesto determinó durante siglos la naturaleza secreta de las sociedades que se dedicaban al estudio del esoterismo y la alquimia. Los miembros tenían que mantener el más absoluto secretismo para no perder los bienes y la vida.

Lo triste del caso es que el mundo ha cambiado pero la Iglesia y los evangelistas radicales no. Si en estos tiempos volvieran a tener la oportunidad de hacer lo mismo, de suprimir todo lo que ellos consideran como "herejías" y eliminar a los herejes, pueden tener la seguridad de que lo harían otra vez.

Resumiendo, las sociedades que se dedicaron al estudio de la alquimia, el ocultismo y el misticismo tuvieron que mantenerse en secreto debido a las persecuciones. Aunque la persecución ha perdido fuerza, todavía existe bajo formas diferentes y es de consideración.

En los tiempos actuales se mantiene un secretismo interior en las organizaciones dedicadas al esoterismo, debido a la naturaleza de las enseñanzas y de las iniciaciones, donde se imparten conocimientos que requieren una preparación previa de los miembros o de los estudiantes.

Es decir, ciertos conocimientos de magia, de símbolos y de rituales no son todavía totalmente del dominio público y son impartidos a miembros de estas sociedades ocultistas según progresan en sus estudios. En este sentido, aunque las sociedades ya no son secretas, porque todo el mundo sabe quienes son y donde están, algunos de las enseñanzas todavía lo son, aunque cada vez el secreto es menos. Las organizaciones y sociedades esotéricas han pasado de ser sociedades secretas a ser sociedades conocidas por el público, pero que aún guardan algunos secretos.

(1) Desde los primeros tiempos del cristianismo y durante los dos mil años que siguieron las mujeres han sido consideradas inferiores por la Iglesia, indignas de las vestiduras sacerdotales y una fuente diabólica de pecado, que incita al hombre santo hacia la lujuria y la sensualidad.

Cientos de miles de mujeres fueron quemadas en la hoguera por la Iglesia. Su único aceptable destino era encerrarlas en un convento donde no se les permitía hablar con nadie y donde solamente podían mirar hacia el suelo. Tan sólo una mirada de una de ellas podía ser suficiente, según parece, para que Lucifer los arrastrara al pecado y al infierno.

Al final del Evangelio de Tomás, parte de la colección de pergaminos encontrados en Nag Hamadi en 1945 que datan probablemente del siglo II de nuestra era, encontramos el siguiente diálogo:

"Simón Pedro les dice a ellos: 'Deja que María se vaya, porque de todos modos las mujeres no se merecen vivir'.
Y Jesús dice: 'Yo mismo la guiaré, para hacerla varón y ella también devendrá en un espíritu viviente similar al de los varones. Porque cada mujer que se haga varón entrará en el reino de los cielos".

—XXX—

FIN DE LAS PERSECUSIONES

"El comienzo de una nueva era"

El 4 de Julio de 1776, en los Estados Unidos de América se lleva a cabo la primera y la más válida y duradera revolución democrática de la historia de la humanidad, organizando por primera vez en forma balanceada los poderes ejecutivo, legislativo y judicial y garantizando los derechos de los ciudadanos.

Esta verdadera y perdurable revolución fue llevada a cabo por libre pensadores, masones y ocultistas que dejaron muy en claro su filiación esotérica en los símbolos utilizados para el Gran Sello nacional de la república que fue más tarde usado en la emisión de la moneda. Símbolos ocultos como el pentagrama o la estrella de cinco puntas y el compás y la escuadra de los masones se pueden encontrar también en el mapa de las calles de la capital y la ubicación de los monumentos y parques en la misma. Los fundadores masones y rosacruces de la nueva nación también se ocuparon de anular el tradicional poder de la Iglesia con la constitución del nuevo estado laico.

George Washington fue el General y el líder de las fuerzas independentistas de Norteamérica. Bajo su mando, las fuerzas rebeldes vencen a los ejércitos de los colonizadores británicos. Después se convirtió en el primer Presidente de los Estados Unidos. Observen en primer lugar el significado del apellido de Washington, "The Washing Tone", que quiere decir el tono, la pauta de lavar, La pauta de lavar, de limpiar los vestigios y cortar las amarras que nos ataban a un mundo obsoleto que llegaba a su fin, para traer en cambio los limpios aires de una nueva libertad.

Anthony Sherman, un miembro del ejército independentista refirió que, en medio de la guerra, el General Washington narró, en su presencia y en la de sus más cercanos colaboradores, como recibió en su tienda de campaña la visita de un ángel que le mostró visiones del futuro de la naciente república y los peligros que ésta enfrentaría.

La extraordinaria narración de George Washington comienza así:

". . . Esta tarde yo estaba sentado a mi mesa ocupado en preparar un despacho, cuando sentí que algo me turbaba el ánimo. Levanté *la vista y me encuentro parada delante de mí una mujer de singular belleza. Me quedé estupefacto, había dado órdenes específicas de que nadie me molestara y pasaron unos momentos antes de que pudiera recuperar el habla y preguntarle cual era la causa de su presencia. Repetí mi pregunta por segunda, tercera y cuarta vez, pero de mi misterioso visitante solamente logré que levemente levantara la mirada . . ."*

". . . Ya en ese momento extrañas sensaciones me sacudían por dentro. Traté de levantarme pero la mirada clavada en mi del ser que tenia frente a mi hacían cualquier movimiento imposible. Hice un esfuerzo por hablarle otra vez, pero mi lengua se había vuelto inútil . . ."

". . . Una nueva influencia, misteriosa, potente e irresistible tomó posesión de mi. Todo lo que podía hacer era mirar fijamente y abstraído a mi visitante desconocido. Gradualmente, la atmósfera circundante se hacia luminosa y llena de sensaciones. Todo parecía rarificarse, el misterioso ser se torno vaporoso pero sin embargo, más real a mi vista que anteriormente. Empecé a sentir como si me estuviera muriendo, o más bien a experimentar que mi conciencia se disolvía . . ."

". . . Hijo de la Repóblica, ¡mira y aprende! . . ."

Varias veces el ángel repitió esta última frase a la vez que le mostraba a George Washington visiones futuras del planeta terrestre, de los Estados Unidos, Europa y los demás países, dejándole ver las vicisitudes que la joven república enfrentaría en los años venideros.

Muy contadas veces en la historia de la humanidad las entidades o potencias a cargo de encaminar el desarrollo histórico de la humanidad se han decidido a utilizar un ángel para iluminar a una figura histórica. Esto nos da una indicación de la importancia de George Washington que se encontraba en ese momento en una coyuntura de la historia que abriría nuevos y decisivos caminos a la humanidad.

Además de George Washington, varios de los fundadores de la nación norteamericana eran también masones y ocultistas. En el diseño del Gran Sello de la nación norteamericana dejaron constancia de su membresía masónica y de su filiación esotérica. Ya en el Siglo XX, sus seguidores se ocuparon de convertir el billete de un dólar en un poderoso talismán que se nutre perpetuamente de las energías de todo el que lo manipula.

Dibujo Original del Gran Sello, hecho en 1776

En el billete de un dólar, la cara de George Washington está rodeada por la letra griega "Omega" que simboliza el cambio. El anverso del billete muestra el Gran Sello de los Estados Unidos. La pirámide representa al mundo material que se purifica y asciende hacia el "Ojo de Horus" que todo lo ve y que representa al Absoluto y a los más elevados planos espirituales. Como es sabido el numero 13 está repetido varias veces en el Gran Sello refiriéndose a las originales 13 colonias que devinieron en los trece primeros estados de la nueva nación.

Por razones de envidia a la gran nación norteamericana, y con la complicidad de ideólogos simpatizantes o agentes del totalitarismo comunista, siempre se nos ha querido presentar a La Revolución Francesa como la primera revolución, pero en realidad fue la segunda en el tiempo y al menos en parte, los revolucionarios franceses se inspiraron en la anterior revolución y declaración de independencia de los Estados Unidos de América de 1776.

La Revolución Francesa

En Francia la revolución nace de un proceso que comenzó por la convocación de los Estados Generales por Luís XVI en 1789, proceso iniciado por la propia aristocracia reinante tratando de dar solución a la severa crisis política y económica del país. La situación se le fue de las manos al rey y en Junio 27 de 1789 acepta la incorporación a una Asamblea Nacional de los miembros del Tercer Estado formado mayormente por miembros de la pujante burguesía. El Primer Estado siendo el Clero y el Segundo Estado la aristocracia. Esta fecha marca el verdadero inicio del proceso revolucionario francés, subrayado solo unos días después, con la toma de la Bastilla el 14 de Julio.

La revolución continuó con la Asamblea Nacional Constituyente aboliendo el feudalismo y legislando la descristianización de Francia, sus logros más importantes. Se acordó que el país funcionaría como una monarquía constitucional. Es aquí donde la Asamblea Legislativa se muestra incapaz de gobernar y el país va hacia el caos y la guerra. Vienen las etapas de la Comuna de París y del Directorio Revolucionario y más de 40,000 personas son guillotinadas o simplemente asesinadas por las turbas. El rey es ejecutado y el proceso revolucionario llega a su fin con el golpe de estado del 18 de Brumario. En 1804, después de haber compartido el poder como parte del "triunvirato", Napoleón es nombrado emperador.

La conclusión debería ser obvia: el caos y el terror de la Revolución Francesa deja un legado terrible que parece decirle al mundo que es imposible dejar el poder en manos de "la chusma", que el gobierno debe mantenerse en las manos de los reyes y de la aristocracia.

Termina la revolución perdiendo el poder a manos de Napoleón. El gran Corso comenzó aparentemente por exportar las nobles ideas de la revolución de "Libertad, Fraternidad e Igualdad", derrotando a los ejércitos monárquicos y destituyendo a las aristocracias europeas. Por esta razón era recibido en los primeros momentos como un "libertador" en los países conquistados.

La eventual derrota y caída de Napoleón fue seguida por la reinstauración de la monarquía y el retorno a nuevas versiones del absolutismo en Francia y en el resto de los demás países europeos. El fracaso estruendoso de la Revolución Francesa, aunque removió para siempre los cimientos del poder de la monarquía y de la Iglesia, demoró por otro siglo la instauración de regímenes democráticos en Francia y en Europa.

En cambio, la revolución y la declaración de independencia de los Estados Unidos de América deja un legado que ha perdurado durante cuatro siglos (desde finales del siglo XVIII hasta principios del XXI y continúa). Y este ha sido un legado de estabilidad democrática basado en el balance de las ramas del poder y la garantía de los derechos ciudadanos, confirmando por primera vez en la historia moderna la capacidad del pueblo para gobernarse sin ayuda de la aristocracia.

Importante confusión de términos

El modelo norteamericano de libertad, democracia y derechos ciudadanos fue gradualmente adoptado por otras naciones del mundo en versiones variadas. Contrariamente a lo que propagan los ideólogos comunistas, el régimen de gobierno en los Estados Unidos de Norteamérica es en realidad un gobierno de verdadera "izquierda" en el poder.

Veamos porqué. Los términos de "izquierda" y "derecha" tienen su origen en el lugar que ocupaban, donde se sentaban físicamente, los diputados a los Estados Generales y posteriormente a la Asamblea Legislativa durante el proceso revolucionario Francés en 1791. Los representantes del Primer Estado y después los *"Feuillants"* o leales a la corona, proponentes de una monarquía constitucional, considerados como simpatizantes del viejo orden o *"ancien régime"*, se sentaban a la derecha. Mientras que los representantes del Tercer Estado, la burguesía y los radicales jacobinos o *"Montagnards"* que propugnaban el imperio de las libertades y del libre comercio, se sentaban a la izquierda.

Siguiendo el significado de la colocación de los diputados a la Asamblea Legislativa francesa, desde entonces de han considerado de derecha los regímenes que favorecen el poder del Estado en detrimento de los derechos de los ciudadanos, y viceversa.

Es bien simple: los regímenes autoritarios y con tendencias absolutistas como han sido las dictaduras fascistas y los gobiernos totalitarios comunistas en la historia reciente, son en realidad gobiernos de extrema derecha en los que el Estado se vuelve todopoderoso y los derechos de los ciudadanos son eliminados o tronchados en modo considerable.

Por lo contrario, los sistemas de gobierno que garantizan los derechos ciudadanos y supeditan el poder del Estado al derecho de los individuos son regímenes de izquierda. El sistema de gobierno norteamericano es un régimen de izquierda porque garantiza con sus leyes el ejercicio de las libertades y de los derechos ciudadanos y propugna el libre comercio.

Exactamente lo contrario sucede en el totalitarismo comunista, donde un gobierno fuerte y absolutista suprime todas las libertades y derechos ciudadanos, incluyendo la libertad de industria y comercio. El Estado todopoderoso se convierte en el único empleador y el régimen se desempeña en la vida real como un gobierno absolutista de extrema derecha, un sucesor de Luis XVI. En adición a esto y según hemos comprobado en la historia reciente, los estados totalitarios fascistas o comunistas terminan por favorecer los intereses de una clase burocrática, una elite gobernante que se perpetúa en el poder y acapara todos los privilegios, deviniendo en una nueva aristocracia.

En el presente, en los Estados Unidos de Norteamérica existe también una grave confusión sobre lo que verdaderamente es de izquierda o de derecha en política.

Por ejemplo, el defender la tenencia de armas por la población en general es considerado, en los Estados Unidos, una postura política de derechas. Obviamente esto es un tremendo error. La tenencia general de armas es un principio anarquista de la más radical izquierda.

Todo lo contrario, la política que defiende que la tenencia de armas sea reservada únicamente para la policía y el ejército es considerada de izquierda en los Estados Unidos, cuando es obviamente una posición de derecha que promueve un Estado fuerte en contra de una población desarmada.

No sólo en los Estados Unidos, sino en el mundo en general, existe el error de pensar que las políticas que promueven un Estado comunista y todopoderoso y le ponen cortapisas al desenvolvimiento libre de la industria y el comercio son políticas de izquierda. También aquí es obvio todo lo contrario: un estado fuerte que en los países comunistas tiende a convertirse en el único empleador y monopoliza la industria, el comercio y la agricultura, a la vez que impone una eliminación o seria restricción de los derechos ciudadanos de producir y comerciar libremente, establece una política absolutista de derecha. En las últimas décadas, en la China comunista, la entrega de la posesión de las tierras a los campesinos y la liberación de las actividades económicas de industria y comercio de los ciudadanos, son un dramático giro **hacia la izquierda** en un país que bajo el gobierno tiránico de Mao Tse Tsung se había convertido en un estado absolutista de extrema derecha.

Comentando sobre un libro de Herbert Spencer ("La Futura Esclavitud"), en New York, Abril de 1884, Diario "La América", nuestro José Martí, muy justamente llamado alguna vez "el mejor de los cubanos", con su pluma de estilo genial describió el advenimiento del infierno comunista y como obraría sobre los indefensos ciudadanos:

". . . Todo el poder que iría adquiriendo la casta de funcionarios, ligados por la necesidad de mantenerse en una ocupación privilegiada y pingüe, lo iría perdiendo el pueblo, que no tiene las mismas razones de complicidad en esperanzas y provechos, para hacer frente a los funcionarios enlazados por intereses comunes. Como todas las necesidades públicas vendrían a ser satisfechas por el Estado, adquirirían los funcionarios entonces la influencia enorme que naturalmente viene a los que distribuyen algún derecho o beneficio. El hombre que quiere ahora que el Estado cuide de él para no tener que cuidar él de sí, tendría que trabajar entonces en la medida, por el tiempo y en la labor que pluguiese al Estado asignarle, puesto que a este, sobre quien caerían todos los deberes, se darían naturalmente todas las facultades necesarias para recabar los medios de cumplir aquellos. De ser siervo de sí mismo, pasaría el hombre a ser siervo del Estado. De ser esclavo de los capitalistas, como se llama ahora, iría a ser esclavo de los funcionarios. Esclavo es todo aquel que trabaja para otro que tiene dominio sobre él; y en ese sistema socialista dominaría la comunidad al hombre, que a la comunidad entregaría todo su trabajo. Y como los funcionarios son seres humanos, y por tanto abusadores, soberbios y ambiciosos, y en esa organización tendrían gran poder, apoyados

por todos los que aprovechasen o esperasen aprovechar de los abusos, y por aquellas fuerzas viles que siempre compra entre los oprimidos el terror, prestigio o habilidad de los que mandan, este sistema de distribución oficial del trabajo común llegaría a sufrir en poco tiempo de los quebrantos, violencias, hurtos y tergiversaciones que el espíritu de individualidad, la autoridad y osadía del genio, y las astucias del vicio originan pronta y fatalmente en toda organización humana. 'De mala humanidad—dice Spencer—no pueden hacerse buenas instituciones.' La miseria pública será, pues, con semejante socialismo a que todo parece tender en Inglaterra, palpable y grande. El funcionarismo autocrático abusará de la plebe cansada y trabajadora. Lamentable será, y general, la servidumbre."

El ocaso de la religión judía en Occidente

Dicho todo lo anterior y a pesar de haber transcurrido tanto tiempo y la realidad política y social haber cambiado notablemente, sectores de la ultraderecha norteamericana, representados en ocasiones por evangelistas radicales y proponentes de un ignorante bíblico literalismo, se mantienen amenazando con recuperar el poder para las Iglesias. En nuestra opinión ya es demasiado tarde para que esto suceda. El genio salió de la lámpara o de la botella y no hay formar de convencerlo para que regrese. Pero su insistencia retrógrada debe mantenernos a todos siempre vigilantes.

Ya en los finales del Siglo XX y en nuestro Siglo XXI, el Internet se encarga de esparcir a los cuatro vientos las ideas de la denominada "Nueva Era" que trae al mundo un nuevo tipo de espiritualismo y misticismo, sin dogmas, sin filiaciones, libre y abierto a todos. Los sitios de Internet o "Websites" dedicados a la difusión de un nuevo paganismo se multiplican diariamente.

Antes de continuar, deseamos dejar bien claro que admiramos y apoyamos al estado de Israel y lo que los hebreos han sido capaces de lograr allí. El mundo ha recibido y recibe el valiosísimo aporte de científicos, escritores y filósofos de herencia hebrea. La religión judía es antigua y sumamente interesante. Tenemos personalmente amigos judíos a los que admiramos y por los que tenemos gran afecto y consideración. Dicho todo esto, queremos dejar constancia de nuestra opinión: lo cierto es que la Biblia es un libro judío, que trata de historias sobre judíos, escrito por judíos y para los judíos.

Comprendemos por supuesto que el estudio ilustrado de la Biblia y de otros libros religiosos aún más antiguos como son el Bhagavad–Gita y el Ramayana es sumamente interesante. La lectura de cualquiera de estos libros puede también ser una gran fuente de inspiración. El fanatismo y el literalismo bíblico es lo que nos parece fuera de lugar en nuestros tiempos.

Siempre nos preguntamos si no hemos llevado demasiado lejos, todavía en nuestra época, la repetición constante de esta colección de historias fragmentariamente escritas por diferentes autores hace dos mil años o más, cuyo significado oculto o simbólico no es ni siquiera comprendido. ¿Que valor pueden tener para las necesidades del hombre moderno las narraciones sobre unas tribus de pastores de ovejas que andaban descalzos y apenas tenían una túnica para protegerse de la intemperie? ¿Porqué utilizar únicamente el libro de los judíos? ¿No es hora ya de sacudirnos los rígidos prejuicios y enseñanzas bíblicas o evangélicas para darle cabida a un nuevo y más libre misticismo?

Cada cual debe poder escoger libremente su religión o sus creencias. Pero siempre nos ha parecido que es una tontería el continuar forzando la religión judía sobre la cultura general de occidente, cuya existencia entre nosotros todavía debemos a una decisión del emperador Constantino, tomada por motivos políticos, no religiosos. Por cierto, Constantino fue un pagano convencido toda la vida y hasta el mismo día de su muerte.

La civilización occidental está basada en la filosofía y la ciencia de los griegos y en el derecho y la organización de los romanos. Las creencias religiosas de aquellos pueblos mayormente consistían en el paganismo popular y el misticismo de los filósofos. Siempre nos ha parecido que una nueva y mas elevada forma de paganismo se aviene mejor con nuestra cultura occidental y que pasado el tiempo las tendencias de la ahora llamada "Nueva Era" y un nuevo misticismo terminarán por reemplazar los restos de la religión judía entre nosotros. Este es un proceso que sucede naturalmente ahora ante nuestros ojos. Realmente, nuestras opiniones a favor o en contra del mismo nada pueden hacer para impulsarlo o detenerlo.

El Islam
Peligro inminente para nuestra civilización

El peligro más grave que enfrenta la civilización humana actualmente es el fanatismo y la violencia de los musulmanes, peligro que ha existido desde que Mahoma creó esta religión y declaró a los que no creyeran en la misma como "infieles" que deben ser eliminados. Mientras los musulmanes mataban y asesinaban con sus sables cabalgando por el desierto en siglos anteriores, el peligro que representan para la humanidad estaba más o menos localizado. Es cierto que ocuparon, destruyeron y arabizaron a casi todo el mundo antiguo, desde Persia hasta Egipto, pero los intentos por invadir Europa y destruir la civilización occidental, no tuvieron el éxito que ellos deseaban.

En los tiempos modernos, con la posibilidad de viajar rápidamente por todo el globo y comunicarse y con la existencia de las bombas termonucleares y los misiles, la situación es infinitamente más peligrosa. Es de la mayor importancia que Occidente despierte y detenga la premeditada infiltración de millones de musulmanes en sus países y la expansión y dominio del Islam antes que sea demasiado tarde. En realidad, es de vida o muerte para nuestra civilización y el futuro de la humanidad.

Conociendo la vida en mansedumbre de los santos y los místicos a través de la historia y como han dado el ejemplo de comprender y amar a sus semejantes, cuesta muchísimo trabajo considerar como místico, profeta o líder religioso a un individuo que dirigía ataques contra las caravanas como un verdadero pirata del desierto. Una persona que tenía cuatro mujeres, con una de las cuales se casó a los nueve años y desvirgó a los doce. Alguien que, cuando tomaba una ciudad o una villa, exterminaba a toda la población judía, hombres, mujeres, ancianos y niños. Y este supuesto líder religioso dejó escritas cosas como estas:

*Corán 2:191] "**Mátalos dondequiera que los encuentres**, y échalos de dónde te han echado; porque la disputa interna [Fitna] es peor que matar". [Corán 4:89] "Querrían que, como ellos, no creyerais, para ser iguales que ellos. No hagáis, pues, amigos entre ellos hasta que hayan emigrado por Alá. Si cambian de propósito, apoderaos de ellos y **matadlos donde los encontréis**".*
Corán 8:12 "Yo sembraré el terror en los infieles. Hieran sus cuerpos e incapacítenlos porque se oponen a Alá y su profeta".

Esto es sólo un ejemplo. El Corán esta lleno de estos amorosos y "místicos" consejos. Al Capone no lo hubiera dicho mejor.

También es nuestra opinión que el llamado Islam es, mucho más que una religión, un sistema socio político que utiliza cínicamente la religión para gobernar y su efecto más importante en el mundo no ha sido encaminar las almas por el sendero espiritual, sino propagar la violencia y el terror para promover la superioridad de la raza árabe, con propósitos de dominación mundial que no mantienen en secreto, sino que gritan a los cuatro vientos.

Poner la otra mejilla

Y por último, vale la pena mencionar que cuando por fin los ocultistas y los masones tomaron el poder en los Estados Unidos, no respondieron vengativamente, persiguiendo, torturando o quemando en la hoguera a los que los habían perseguido durante siglos. Todo lo contrario, les dieron las libertades y oportunidades que ellos nunca le habían brindado a nadie. La respuesta fue de índole verdaderamente cristiana y lo que realmente hicieron fue: "poner la otra mejilla".

—XXXI—

SOCIEDADES Y ORGANIZACIONES ESOTÉRICAS

"Facilitando el estudio del ocultismo"

El progreso del estudiante de ocultismo es individual. Realmente, al ocultista no le es imprescindible pertenecer a ninguna sociedad, organización o iglesia determinada para avanzar en su camino.

Dejando esto bien establecido, la membresía en cualquier sociedad que se dedique a estudios esotéricos favorece el desarrollo del ocultista debido a que al afiliarse, probablemente se comprometa en alguna disciplina de estudio y aprendizaje. Posteriormente y ya siendo un miembro regular, comparte e intercambia puntos de vista con otras personas que tienen sus mismos intereses espirituales o místicos. Y por último, dentro de la organización se le facilita la obtención de materiales de estudio y se le estimula a que aprenda, e inclusive, según sea la sociedad, se le facilita participar en cursos especiales, seminarios o rituales que pueden serle muy beneficiosos.

Para conveniencia de los lectores, a continuación damos una lista de las principales organizaciones o sociedades que se dedican a estudios de carácter esotérico.

Orden Rosacruz—AMORC

La leyenda dice que la Orden de la Rosa Cruz fue fundada por Cristian Rosenkreuz, (1378–1484) nacido en Alemania. El símbolo que identifica a la orden es una cruz adornada con rosas o envuelta en rosas.

Históricamente, sin embargo no es hasta 1614, con la publicación del documento *"Fama Fraternitas Rosae Crucis"* que la organización se da a conocer oficialmente. Seguramente que la orden existía antes de esa fecha de modo encubierto, pero la publicación de este primer escrito causó gran revuelo y excitación en Europa, poniendo a la orden oficialmente a la vista del público en general.

Las obras literarias de autores como Dante Alighieri (1265–1321) y William Shakespeare (1564–1616) contienen elementos de la simbología

Rosacruz. Esto nos dice que ambos deben haber sido Rosacruces y nos brinda indicios sobre la verdadera antigüedad de la orden. Aún en la actualidad, los miembros de la orden Rosacruz reciben verdadera instrucción esotérica.

AMORC (Antigua y Mística Orden de la Rosa Cruz) fue fundada en 1915 por Harvey Spencer Lewis y tiene su sede en California. La dirección de correos al momento de la publicación de este libro es:

> Rosicrucian Order, AMORC
> 1342 Naglee Avenue
> San José, California 95191, USA
> Dirección de Internet:
> *http://www.rosicrucian.org/home.html*

Una lista de las numerosas logias y órdenes rosacruces puede obtenerse a partir de esta dirección de Internet:

> *http://en.wikipedia.org/wiki/Rosicrucian #Organizations*

La Sociedad Teosófica

Fundada en 1875 en Nueva York por Helena Petrovna Blavatsky, la Sociedad Teosófica predica la fraternidad entre todos los seres humanos y estimula el estudio comparado de las religiones, filosofías, ciencias, artes y culturas.

La raíz griega de la palabra "teosofía" nos da a entender que es la ciencia (sofía) que estudia las cosas divinas (teo = Dios). Efectivamente, los teósofos no se detienen ante un dogma o un aparente misterio de carácter espiritual, sino que profundizan en su estudio y tratan de comprenderlo, de conocer los planos superiores de conciencia, sus leyes y sus habitantes. Una buena definición de teosofía puede ser también "Budismo Esotérico".

La fundadora de la Sociedad aseguraba seguir indicaciones de maestros de sabiduría o "Adeptos" como los Mahatmas Koot-Hoomi y Morya, los cuales la asesoraban y ayudaban en su presentación del misticismo oriental en occidente.

Albert Einstein era un estudioso de la teosofía y mantenía en su buró de trabajo y en la cabecera de su cama un ejemplar de "La Doctrina Secreta", libro fundamental escrito por la que origina el movimiento teosófico, H.P.Blavatsky. Después de fallecido Einstein, su sobrina entregó este libro que había sido propiedad del sabio, y estaba marcado con numerosas notas escritas de su propia mano, en la Sede Internacional de la Sociedad Teosófica en Adyar para su conservación.

Las sesiones de las Logias de la Sociedad Teosófica son abiertas al público en general. La organización teosófica no utiliza en sus Logias rituales y sus miembros no tienen que utilizar vestiduras o instrumentos especiales para ningún tipo de culto o rito de ninguna clase. La Sociedad mantiene además una Escuela

Esotérica donde los miembros que así lo deseen profundizan sus estudios de ocultismo.

La sede principal internacional se encuentra en la India y su dirección es la siguiente:

Theosophical Society
Adyar, Chennai, 600-020, India
Dirección de Internet:
http://www.ts-adyar.org/index.html

Se puede obtener un directorio de Sociedades Teosóficas detallado por países en este lugar de Internet:

http://www.ts-adyar.org/directory.html

La dirección de la denominada Sociedad Teosófica en América es la siguiente:

Theosophical Society in America
1926 North Main Street
Wheaton, IL 60187
Dirección de Internet:
http://www.theosophical.org/index.php

La Francmasonería:

Los masones son una organización fraternal dedicada también a estudios metafísicos. La primera Gran Logia se formó en Londres en 1717 mediante la unión de cuatro logias independientes, lo que quiere decir que los masones existían desde mucho tiempo antes.

Las denominadas "Grandes Logias" y "Gran Oriente" son realmente organizaciones independientes y soberanas que normalmente se reconocen unas a otras mediante un régimen llamado de regularidad. Los masones comienzan como aprendices y avanzan dentro de la masonería a través de un sistema de grados. La francmasonería actual concede solamente los tres primeros grados, pero los ritos mas antiguos o tradicionales, como el escocés, continúan con el grado 4 hasta el 33. Los rituales de iniciación masónica contienen el mismo simbolismo de las iniciaciones en los misterios de la antigüedad, utilizando utensilios y ropajes especialmente diseñados que nos hacen recordar los ritos del antiguo Egipto.

Los masones tienen la peculiaridad de reconocerse por el uso de gestos o señales secretas y también mediante la costumbre de añadir tres puntos a su rúbrica. En muchos países del mundo occidental, la confraternidad dentro de la masonería se extendió a las relaciones de negocios entre los miembros, facilitando el comercio y los convenios contractuales.

La dirección de la Gran Logia de California es la siguiente:

Grand Lodge F. & A.M. of California
1111 California Street
San Francisco, California 94108
Dirección de Internet:
http://www.freemason.org/

Este localizador de Internet se puede utilizar para encontrar la Logia de California más cercana al domicilio de cada cual:

http://clients.mapquest.com/freemason/
mqinterconnect?link=find

La Orden Hermética del Amanecer Dorado:

Esta orden fue fundada en 1887 como una extensión de las sociedades secretas anteriores que estudiaban los misterios por William R. Woodman, William W. Westcott y Samuel L. MacGregor. La misma se dedica al estudio de la magia, la cábala, la teurgia, la alquimia y el misticismo cristiano y ha tenido una gran influencia en tendencias modernas del misticismo occidental, como la Wicca.

El distinguido poeta y escritor William Butler Yeats, (1865–1939) nacido en Dublín, Irlanda, fue uno de los más entusiastas fundadores de la Orden, después de haber sido miembro, al igual que Wescott, de la Sociedad Teosófica en su país.

La Orden utiliza, en forma en cierto modo parecida a la Masonería, dramáticos rituales simbólicos así como ropajes e instrumentos especiales en sus iniciaciones. Los miembros reciben verdadera instrucción esotérica y son introducidos en el arte de la magia y la cábala así como en la interpretación del Tarot y los misterios herméticos.

Información sobre esta orden y sus templos se puede encontrar en este sitio de Internet:

http://www.golden-dawn.org/links.html

La dirección en Canadá es la siguiente:

Hermetic Order of the Morning Star
4035 Guasti Road Suite 306
Ontario, CA 91761

En general, las Organizaciones y Sociedades dedicadas al misticismo y el estudio de los temas esotéricos no imponen dogmas a sus miembros, todo lo contrario, proponen y estimulan la libertad de pensamiento y prefieren que el estudiante confirme las verdades por si mismo.

Finalmente, los místicos más avanzados de nuestra época, como Jeddu Krishnamurti, nos traen un nuevo mensaje que propone que el hombre se libere de todos los credos, iglesias y asociaciones, y encuentre la verdad meramente en la observación de si mismo y de cómo nuestra mente se relaciona con el mundo exterior, procurando para el ser humano una nueva, absoluta e incondicional libertad.

"La Verdad es una tierra sin caminos y no se llega a ella por ningún sendero, a través de ninguna religión ni de ninguna secta. La Verdad, siendo ilimitada, incondicional e inalcanzable por ningún camino preestablecido, no puede estar organizada, ninguna organización debe ser formada para guiar o coaccionar a la gente a seguir por ningún sendero determinado.

Mi único propósito es hacer a la humanidad absoluta e incondicionalmente libre.

El Hombre no puede llegar a La Verdad a través de ninguna organización, de ningún credo, de ningún dogma, sacerdotal o ritual, ni tampoco a través del conocimiento filosófico o de ninguna técnica psicológica.

El Hombre tiene que encontrar La Verdad viéndose en el espejo de las relaciones, mediante la comprensión del contenido de su propia mente y tan sólo a través de la observación de sí mismo y no usando el análisis intelectual o la disección introspectiva . . .".

Jeddu Krishnamurti.

Apéndice

A los lectores interesados en ampliar
Sus conocimientos de Teosofía y Ocultismo,
El autor les recomienda la siguiente

Lista de Libros

Autores	*Títulos*
Helena Petrovna Blavatsky	La Voz del Silencio
	Isis sin Velo
	La Doctrina Secreta
Gottfried De Purucker	Fountain Source of Occultism
William Q. Judge	Ocean of Theosophy
C. Jinarajadasa	Fundamentos de Teosofía

C.W.Leadbeater	Los Chakras
	El Hombre Visible e Invisible
	El Plano Astral y el Plano Mental
	El Aura y los Anales Akáshicos
	El Plano Astral, Escenario y Habitantes
	Los Espíritus de la Naturaleza
Annnie Besant	El Poder del Pensamiento
	Las Formas de Pensamiento
Hiroshi Motoyama	Chakras, Kundalini y las energías sutiles del ser humano
Jiddu Krishnamurti	The First and Last Freedom
	The Flight of the Eagle
Chic & Sandra Tabatha Cicero	Self Initiation into the Golden Dawn

Algunos de estos libros pueden ser leídos sin costo alguno en el Internet.